マルクス＝エンゲルス年譜

西暦（年）	できごと
1818	5月　マルクス（M）、トリールに生まれる
1820	11月　エンゲルス（E）、バルメンに生まれる
1835	Mボン大学で法学を研究する（～36年）
1836	Mベルリン大学に移り、哲学、法学、歴史などを研究する（～41年）
1841	M学位論文「デモクリトスの自然哲学とエピクロスの自然哲学との差異」提出
1842	10月　M『ライン新聞』主筆（～43年3月）
1843	夏　M草稿『ヘーゲル国法論批判』執筆　10月　Mパリに移る　秋　M「ユダヤ人問題によせて」「ヘーゲル法哲学批判序説」執筆（→『独仏年誌』に掲載）　11月　E『国民経済学批判大綱』執筆（→『独仏年誌』に掲載）
1844	2月　Mルーゲとともに『独仏年誌』を発行　4～8月　M「経済学哲学草稿」執筆　8月　MとEの会見「あらゆる理論分野における一致を確認」　9～11月　ME『聖家族』執筆（→45年2月刊行）
1845	2月　Mパリを追放され、ブリュッセルに移る　3月　E『イギリスにおける労働者階級の状態』刊行 **5月ころ　M「フォイエルバッハに関するテーゼ」執筆** 9月　ME草稿「ドイツ・イデオロギー」執筆（～46年）
1847	7月　M『哲学の貧困』刊行　10～11月　E『共産主義の原理』執筆　12月　Mドイツ人労働者協会で賃労働と資本について講演をおこなう
1848	2月　ME『共産党宣言』刊行 フランス2月革命、ウィーン3月革命、ベルリン3月革命起こる 5月　ME『新ライン新聞』発刊（49年5月に発行停止）

1849	4月　M「賃労働と資本」を『新ライン新聞』に発表。　8月　ロンドンに移る
1850	3月　M『フランスにおける階級闘争』執筆 11月　E『ドイツ農民戦争』発表
1852	5月　M『ルイ・ボナパルトのブリュメール18日』発表
1857	M『経済学批判要綱』執筆（〜58年）
1859	6月　M『経済学批判』刊行
1864	9月　第1インタナショナル創立。Mインタナショナルの創立宣言と暫定規約を起草する
1865	M『賃金・価格・利潤』執筆（↓6月　講演）
1867	9月　M『資本論』第1巻刊行
1871	7月　M『フランスにおける内乱』刊行
1875	M『ゴータ綱領批判』
1878	7月　E『反デューリング論』刊行
1880	夏　E、『反デューリング論』の一部をまとめ、『ユートピアから科学への社会主義の発展』（『空想から科学へ』）として刊行
1883	3月　M死去
1884	10月　E『家族・私有財産・国家の起源』刊行
1885	7月　M著・E編集『資本論』第2巻刊行
1888	**5月　E『ルートヴィヒ・フォイエルバッハとドイツ古典哲学の終結』刊行**
1891	E、M『賃労働と資本』の改訂版を編集刊行
1894	M著・E編集『資本論』第3巻刊行
1895	8月　E死去

Marx for Beginners

マルクス・フォー・ビギナー⑤

Karl Marx and Friedrich Engels

Theses on Feuerbach/
Ludwig Feuerbach and the End of
Classical German Philosophy

マルクス＝エンゲルス

フォイエルバッハ論

大月書店

Karl Marx
Thesen über Feuerbach
Marx - Engels Werke Bd.3
Dietz Verlag Berlin 1958

Friedrich Engels
Ludwig Feuerbach und der Ausgang
der klassischen deutschen Philosophie
Marx - Engels Werke Bd. 21
Dietz Verlag Berlin 1962

目次

解説——『フォイエルバッハ論』をはじめて読むあなたへ

本巻は、19世紀ドイツの哲学者ルートヴィヒ・フォイエルバッハに関するマルクスとエンゲルスの論考を収める。1つは、1845年に記されたマルクスの「フォイエルバッハに関するテーゼ」（以下、「テーゼ」という）であり、もう1つはマルクス死後の1888年に刊行されたエンゲルス『フォイエルバッハとドイツ古典哲学の終結』（以下、『哲学の終結』）である。従来は、エンゲルスのものだけが『フォイエルバッハ論』として知られてきたが、後に見るように、じっさいには歴史的に多くのフォイエルバッハ論が書かれた。マルクスの「テーゼ」もその1つと見なすことができるのである。

「テーゼ」と『哲学の終結』とはまったく異なる歴史的脈絡の中で執筆された。それらを本巻に収めるのは、いずれもマルクス理論の生成史に関わるからである。およそオリジナルな理論ならば、どの理論にも必ず成立史がある。マルクスの理論にも生成史、成立史がある。それは、マルクス理論の理解にとって不可欠である。もう少し具体的に説明しよう。

マルクスの理論はドイツの1840年代に、ヘーゲル哲学の解体過程のなかで、フォイエルバッハ哲学を媒介として形成された。当初ヘーゲル哲学の圏内にいた若きマルクスは、1843年にフォイエルバッハ哲学を受容し、それにもとづいてヘーゲル哲学批判を果たし、ここからフォイエルバッハ批判に転じて独自の理論を形成する。「テーゼ」[1]は、初期のマルクスがこの理論形成途上でフォイエルバッハ批判を明確に記した覚書である。簡潔な文章のうちにマルクスの理論の核心が凝縮されており、マルクス理解にとって不可欠の宣言的文書と言ってよい。他方、エンゲルス『哲学の終結』はそれから40年後、マルクス理論の形成を前提に、ヘーゲルやフォイエルバッハの哲学からマルクス（とエンゲルス）の唯物論が成立していく以上のような過程を、C・N・シュタルケ著『ルートヴィヒ・フォイエルバッハ』の批判・反駁の形をとって説明している。(2)

（1）「テーゼ」は、最初エンゲルス『哲学の終結』の付録として公表されたものの、前後に執筆された2つの草稿『経済学・哲学草稿』（1844年）と『ドイツ・イデオロギー』（1845―46年）が長く未公刊――どちらも公刊は1920年代後半以後――であったという事情などもあって、さまざまな脈絡で解釈されてきた。しかし、今日ではこれらの草稿と関連づけて「テーゼ」を把握する必要がある。

（2）シュタルケ（1858―1929）は、デンマークの哲学者。著書『ルートヴィヒ・フォイエルバッハ』の原典は今日復刻され、容易に入手可能である。

要するに、マルクスとエンゲルスの2つのフォイエルバッハ論考は、実質的にマルクスの理論形成史に関わるのである。では、マルクスはフォイエルバッハ哲学の受容からどのような批判に転じたのか。このことを論じることは、マルクスの理論をどう理解するかにつながる重要な作業である。本解説では、まずマルクス理論の形成過程を再構成してみることにしよう。

1 マルクスの理論形成とフォイエルバッハ哲学

1840年代の時代状況とマルクスの課題

マルクスが理論形成を果たした1840年代は、さまざまな脈絡において理解することができる。主なものをさしあたり4つ挙げよう。

まず第一は、絶対王政期の旧体制を覆したフランス革命以後、ナポレオンの帝国支配を経てウィーン体制下で復古主義が現れ、ドイツ（プロイセン）では君主制が強化されたという脈絡である。ドイツ君主制を批判し、政治的解放（政治的民主制）を実現するという課題が、初期のマルクスの意識に現れる。

第二は、イギリス等において産業革命が進展し、資本主義が形成・発達を遂げた、という脈絡である。資本主義が形成され、1825年にはイギリスで初めての恐慌が起こり、すでにヘーゲルもとらえていた「富と貧困の両極分解」が顕在化するなかで、この現象を把握し、「ブルジョア社会」を変革するという課題が提起される。貧困と隷属は、初期のマルクスにも意識されていた問題である。

第三は、ヘーゲル哲学以後という脈絡である。ヘーゲル死後、ドイツではヘーゲル学派が形成される。マルクスは最初期にヘーゲル左派に属し、ヘーゲル哲学を理論の原理とした。ヘーゲル左派（シュトラウス、バウアー、フォイエルバッハ、ルーゲ、ヘス、シュティルナーら）は、1841年頃からまとまった活動を展開し、45年前後に解体を遂げる。初期マルクスの思想は、ヘーゲル哲学およびヘーゲル左派とのこうした交渉と批判のなかから成立するのである。

第四は、社会主義・共産主義の運動の高揚である。1840年代には、イギリス、フランスの社会主義および共産主義が、ドイツにも流入した。マルクスはヘーゲル哲学の圏内にある段階では、これらについて理論的現実性を認めなかった。ただし、第二の脈絡でも指摘したように、「ブルジョア社会」における物質的利害、あるいは私的所有や私的利害（私利私欲）の問題をどう考えるかは、マルクスの大問題であった。

こうした状況のなかで現実の諸問題と向きあいながら、マルクスは草稿『ヘーゲル国法論批判』（1843年）において、ヘーゲル法哲学の「普遍的自由の実現態」という国家理念と君主制論との矛盾を衝き、独特の《民主制》論を展開した。このときの理論的根拠がフォイエルバッハの宗教批判と哲学（唯物論）であった。このことは『独仏年誌』掲載のマルクスの手紙（1843年9月ルーゲ宛）に明らかである。

「理性はつねに存在していたのであって、ただ必ずしもつねに理性的な形態では存在しなかっただけである。だから批判者は、理論的および実践的な意識のどの形態からでも出発して、現存する現実の固有の形態からそれの当為および究極目的としての真の現実を展開することができるのである。ところで現実の生活について言えば、まさに政治的国家こそ、……それの近代的形態のすべてのうちに、理性の諸要求を含んでいるのである」

この段階でのマルクスによれば、政治的国家の理念と現実的形態との矛盾から至るところで「社会的真理」を展開することができる。それは、フォイエルバッハが宗教批判を通して成し遂げたのと同じ「意識の改革」によって実現される。だから、同じ手紙のなかで、こうも言われるのである。

「われわれの全目的は、ちょうどフォイエルバッハの宗教批判がそうであるように、宗教的および政治的な諸問題に、自覚的な人間的形式を与えること、以外ではありえない」

マルクスは、このようにフォイエルバッハの宗教批判と哲学に依拠しながら、人間的形式をもつ《民主制》として政治的国家を実現しようとした。これを理解するためにも、続いてフォイエルバッハの宗教批判と感性的唯物論について説明しておこう。

フォイエルバッハの宗教批判と感性的唯物論

フォイエルバッハは１８４１年に刊行した『キリスト教の本質』において、人間が宗教では神を最高存在としている事態を分析し、こうとらえた。神とは理性、意志、愛などを述語とする最高存在である。だが、神の本質とされる理性、意志、愛（心意）などはじつは人間の類的本質（類としてもっているあり方）であり、したがって神とは、人間の類的本質が対象化されたものにほかならない。もちろん、このことは宗教にあっては意識されず、かえって神は人間に対して支配者として現れる。本来人間の本質（あり方）を示すものが、人間に対立して現れることを疎外（Entfremdung）――宗教的疎外――と言う。だが、フォイエルバッハによれば、この疎外において最高存在にして究極目的である神は、人間を愛するのであり、こうして人間は、神を媒介として、人間自身を最高存在となすことになる。要するに人間にとって、人間こそ神（最高存在）なのである。もとより宗教はこのことを意識しない。ここに宗教の矛盾がある。フォイエルバッハは、この意識の転換によって疎外されていた類的本質の返還を図ろうとする。それは、「世界史の転回点」をなすとさえ言われる。以上が、フォイエルバッハ宗教批判の基軸である。

では、疎外された類的本質を返還することによって何を実現するのか。

第一は、人間の類的本質、とりわけ愛（心意）という感性的な欲求を、それ自体として人間の本質と認め、肯定することである。フォイエルバッハ『将来の哲学の諸原則』（以下、『将来の哲学』）によれば、「真理と現実性と感性は同一である。ただ感性的存在だけが真の存在、現実的存在である」（第32節）。人間は何よりも感性的存在である。だから「人間の実在性は、もっぱら対象の実在性に依存する」（第43節）とされる。

第二は、共同性である。フォイエルバッハによれば、キリスト教の三位一体のもつ秘密は、共同生活だけが人間の真の生活であるという、人間に内在する真理にある。人間の本質は1つであるが、それはさまざまな述語からなる無限の富であって、具体的にはさまざまな個人の無限な富として存在する。愛とは、人間が他の人間という富を心情の欲求の対象として要請し、他の人間を自己の本質とすることである。この愛の共同によってこそ、人間は自己を完《まつた》き存在とし、あるべき人間となるのである。「人間の本質は、ただ共同制社会（Gemeinschaft）のうちに、すなわち人間と人間の統一のうちにのみ含まれている」（第59節）。「哲学の最高かつ究極の原理」は、人間と人間との統一である。

フォイエルバッハは、こうして天上の世界から地上の感性的世界に立ち返る。新しい哲学は、人間の感性的本質、共同的本質を哲学の原理として定立し、それによって意識の改革をはかろうとする構想であった。

フォイエルバッハによれば、ヘーゲル哲学は「近代哲学の完成」（第19節）であり、「近代哲学の、とくに汎神論の矛盾、すなわち、神学の立場での神学の否定である……という矛盾」（第21節）が、とりわけヘーゲル哲学の特色をなしている。現実性（世界）を現実的なものの否定（神＝精神）において肯定するこの矛盾は、現実的なもの（自然と人間）をそれ自体として真なるものとして哲学の原理と対象に高めることによって解消される。フォイエルバッハの新しい哲学は、「人間の土台としての自然をも含めた人間を、哲学の唯一の、普遍的な、最高の対象とする」（第54節）のである。これが、現実的人間主義である。

フォイエルバッハ哲学が、ヘーゲル哲学に対してもつ優位は明らかである。マルクスがフォイエルバッハ哲学を受容した意味も理解できるであろう。だが他方、フォイエルバッハが以上の構想によって、感性的次元における現在のあり方（愛と共同）を真理としたがゆえに、現実性をそのまま直截に肯定したことも否めない。とりわけ、各個人が制限されている――貧困や隷属にある――としても、人間の類的本質は現在の社会（共同制社会）において実現されていると把握したことは、フォイエルバッハの原理的限界として確認しておくべきである。

マルクスのヘーゲル法哲学批判

マルクスが１８４３年の草稿『ヘーゲル国法論批判』において、ヘーゲル法哲学の君主制論を批判したこと、それがフォイエルバッハの哲学（唯物論）にもとづいて、「人間的形式」を与える《民主制》構想に行き着いたことは、前記に指摘したとおりである。この構想は主に2つの柱からなっている。

まず第一に、マルクスは、政治的国家が他の諸圏域（家族、市民社会）から自立し、他の圏域に対立して現れるという君主制のあり方を――宗教批判と同じように――疎外であると批判し、疎外された国家を、現実的人間という、国家の根拠そのものに返還しようとする。ここに成立するのが、《民主制》である。《民主制》では、体制は「たんに即自的に、本質からのみならず、現存、現実からしても、それの現実的根拠に、現実的人間、現実的国民に、つねに返還され、それ自身のつくりだすものとして、措定されている」とされる。

第二に、マルクスは、《民主制》において人間が選挙などを通して政治的普遍事に関わることによって、市民社会の私的本質（あり方）を――したがってこの領域に生じる貧困や隷属をも――廃棄すると構想していた。それゆえ選挙改革は「政治的国家の解体の要請であるが、また市民社会の解体の要請でもある」といわれる。

こうした構想は、フォイエルバッハの宗教批判にもとづく共同制社会の構想と類比的であり、マルクスのフォイエルバッハ受容の実相を示す。

だが、この構想は実現可能だろうか。そもそもすべての個人が政治的な普遍事に関わることによって、市民社会の私的本質（あり方）を廃棄することが可能だろうか。ここに困難がある。そしてじっさい、マルクスは1843年秋にはこの可能性を否定し、《民主制》

構想を断念するようになる。すなわち、この段階では、民主制を「政治的解放の完成態」という意味に限定し、この政治的解放そのものの限界を語るようになるのである。

先ほどの2つの柱に照応させるならば、政治的解放は第一に「公民としての人間の解放」を意味し、人びとは公民として同等に政治に関与するが、これによっては市民社会の諸要素（私的所有など）は廃棄されない。だから、政治的解放の完成とは、市民社会と国家の二元性の完成でしかなく、公民と私人への人間の分裂は、政治的解放の一階梯ではなくて、その完成を意味すると、マルクスは確認するのである。第二に政治的解放は、人間の権利の解放であるが、いまやマルクスが認定するのは「いわゆる人権のどれ1つを取っても、エゴイスト的な人間、市民社会の成員であるような人間を超えない」ということである。要するに、「政治的革命は、市民社会の革命でしかない」。

こうしてマルクスは、政治的解放が市民社会の私的本質（あり方）を超えないことを確認する。それは「市民社会を、すなわち欲求と労働と私的利害、私的権利の世界を、己れの存立の基礎、それ以上に基礎づけられることのない前提として、したがって自己の自然的土台として、市民社会に関係する」。マルクスはもはや、政治によって市民社会の私的あり方（貧困や隷属）を超えるという、ヘーゲル法哲学の基本的枠組を維持できないのである（この結論については、マルクス『経済学批判』序言を参照のこと）。

では、マルクスは問題をどう把握すべきなのか。マルクスにとっては、市民社会における貧困や隷属は、依然として解決されない問題として現れる。いまやこの問題を、土台である市民社会そのものを変革することによって解決せざるをえない。詳しい解説は割愛するが、マルクスによれば、いまや政治的解放の完成態である民主制にあっては「人間が、一人の人間がではなく、どの人間もが、至高の存在、最高の存在と認められながら、他方において、……現代社会の全機構によって転落させられ、自己自身を喪失し、他に売り渡され、非人間的な諸関係や諸要素の支配のもとにおかれている」のであり、この現実を、政治や法律などによるのではなく、それ自体において変革することを提起するのである。

この認識は、宗教批判にも示される。マルクスはほぼ同時期に『独仏年誌』の論説「ヘーゲル法哲学批判序説」（以下、「批判序説」）において、次のように述べた。

> 「ドイツにとって宗教の批判は本質的にはすでに終わっている。そして宗教の批判はあらゆる批判の前提である。／……反宗教批判の基本は、人間が宗教をつくるのであって、宗教が人間をつくるのではない、ということである。人間といっても、それは世界の外にうずくまっている抽象的存在ではない。人間とは、人間の世界のことであり、国家、社会のことである。この国家、この社会が倒錯した世界であるがために、倒錯した世界意識である宗教を生み出すのである。……宗教に対する闘争は、間接的には、宗教を精神的香料としているかの世界に対する闘争である」。

問題は、この倒錯した世界を変革することである。こうして、マルクスはフォイエルバッハの哲学的理論構成を本質的に超えたのである。

1844−45年のフォイエルバッハ論評

上述のように、フォイエルバッハはキリスト教批判を通して「意識の改革」を図り、愛と共同という哲学的原理を実現しようとした。というよりも、現に実現されていると把握した。フォイエルバッハはかく自らの哲学原理の現実性＝真理性を主張したのだが、この哲学は、宗教が存在し、他方に私的利害にとらわれた人間が存在する現実世界に対立するだけであり、現実世界を変革する構想を原理的にもたない。これは、時代的課題に十分な適合性を欠くことになった。こうして一時の熱狂が冷め、1844年以後、さまざまなフォイエルバッハ論あるいはフォイエルバッハ批判が現れた。

[1]匿名『ルートヴィヒ・フォイエルバッハ』1844年
[2]シュティルナー『唯一者とその所有』1844年
[3]グリューン『フォイエルバッハと社会主義者たち』1844年
[4]ヘス『ドイツにおける社会主義運動』1844年
[5]ヘス『最後の哲学者たち』1845年
[6]マルクス／エンゲルス『聖家族』1845年

[7]ゼミッヒ『共産主義・社会主義・人間主義』1845年
[8]バウアー『フォイエルバッハの特性描写』1845年（「テーゼ」以後）

ここではそれぞれに立ち入ることはできない。ただし、1844−45年になってヘスやシュティルナーらが何を争ったのか、という側面は確認しておきたい。

シュティルナーは『唯一者とその所有』において、フォイエルバッハが神的存在を人間化することによって「真理」を認識したということを批判し、真理とされる「人間の本質」のために生きなければならないとされるあいだは、〈私〉は断じて〈私〉を享受することなどできない、と述べた。シュティルナーによれば、一個の人間は、とくに何の「使命」も何の「課題」ももつわけではなく、それぞれに固有の力を発現させ、真の自己を享受するだけである。だから〈私〉はそもそもからして「真の人間」なのである。「真の人間は、未来に、憧れの対象としてあるのではなく、この現在に、現実に存在しているのである」。問題は、「真にして現実的な思想」の「真理性」をいかに証し認識するのか、にある。

では、真正社会主義者とされるヘスは、どうフォイエルバッハを批判したか。ヘス『ドイツにおける社会主義運動』によれば、人間の本質は、フォイエルバッハがやや神秘的に表現した「類的本質」にあるのだが、それはつまり諸個人の協働のことである。人間は実践的に協働によってのみ現実的な個人となりうる。フォイエルバッハは宗教批判をもって、一切の理論的誤謬ないし矛盾の基礎を破壊した。だが、フォイエルバッハの見いだす「類的行為」とは、本質的には思考におけるそれでしかない。諸個人の協働によってこそ、人間は人間的たりうる。こうしてヘスは、人間の本質たる諸個人の協働を実現するものとしての社会主義を提起する。また『最後の哲学者たち』において、フォイエルバッハの「将来の哲学」は「現在の哲学」にほかならず、フォイエルバッハの「現実的」人間とは「市民社会の個別化された人間」のことであり、したがってフォイエルバッハは一方においてこの現実に意を払い、他方において「類的人間」を予定し、この本質が個々の人間に潜むことを仮定すると、ヘスは批判するのである。

要するに、シュティルナーもヘスも、フォイエルバッハ哲学の「人間の本質」の真理性＝現実性を批判し、それぞれ自らの理論の現実性を証明してみせた。フォイエルバッハ哲学は、真正社会主義の理論的基礎を提供しながらも、1844年末以後、多くの批判にさらされたのである。

こうした批判のなかで、フォイエルバッハ自身は1845年初めになってみずから共産主義者であることを宣言したが、マルクスのすでに到達した理解によれば、フォイエルバッハの「共産主義」は、人間の共同的本質に依拠するだけであり、市民社会の私的立場を超えないものである。「テーゼ」は、このようなドイツ・イデオロギー論争の脈絡において、マルクスが自らの到達した市民社会批判の水準から、フォイエルバッハ哲学の直観的性格を批判したものととらえられなければならない。(3)

(3) バウアーのフォイエルバッハ批判について補足する。バウアー『フォイエルバッハの特性描写』によれば、フォイエルバッハは神の本質を人間の本質へと還元するが、この本質は一般に、到達しがたいもの、とらえがたいもの、超越的なもの、つまりは1つの実体である。しかも、類の本質と合致するものだけが真なるものであるとすれば、真理は不変不易のものとなっており、それゆえに虚偽、非真理なのではないか。だからフォイエルバッハは、キリスト教の非人間化された人間から「真の現実的な人格」を作り出すことなく、かえって去勢された人間、つまり類に従属した個人を作り出したのだ。フォイエルバッハは、本質を実体として把握している。この事情は、フォイエルバッハの唯物論についても同じである。フォイエルバッハにとっては、真理、現実、感性は同一である。それはすなわち、確固不変のもの、自同的なものとしての自然こそ真理なのだということにほかならない。だから人格としての人間は非真理とされてしまう。人間こそ、自己生成する存在として人格をなす。「いかなる人間も、自己のありうるものであるし、なりうるものになる。誰もが自己自身の創るものであり、自己自身の制作になるものだからである」。かくて真の人間は、「いかなる時点においても完全なのである」。

2 マルクス「フォイエルバッハに関するテーゼ」

では、「テーゼ」はどう理解されるのか。「テーゼ」理解のポイントは、現実の二重化経験である。言い換えると、現に生きている現状を変更不能なものとして受容するのか、それとも現状を変革すべきものとして対象化しうるのか、というところにある。(4)

(4) 1989年以後、社会主義体制が崩壊して、冷戦が終結したのち、フクヤマは『歴史の終わり』(1992年)のなかで、「今日では、現状よりはるかにすばらしい世界など想像しがたいし、本質的に民主主義的でも資本主義的でもない未来を思い浮かべるのは困難である」と述べた。レスター・サローもまた『資本主義の未来』(1996年)において、「社会主義にも共産主義にも未来はなく、生き残ったのはただ1つ資本主義だけだ」と宣言した。こうしてオルターナティヴは存在しない、資本主義だけが存在するのであり、残るは体制内の微調整のみであると、多くの論者が現状を肯定した。もはや体制(システム)の問題は存在しないのであるから、残る問題は各個人に帰せられる。1995年以後に拡がった自己責任論はこの延長にある。この精神によっては「テーゼ」は理解されないであろう。他方、冷戦終結からおよそ20年が経ち、貧困問題が深刻化し、世界恐慌的局面が起こったとき、資本主義そのものの限界があらためて問題になり、自己責任論は影を潜めた。多くの人が現状を変えたいと考えている。この精神によってはじめて「テーゼ」は直截に受け入れ可能となるであろう。

「テーゼ」は、フォイエルバッハの宗教批判の批判、古い唯物論への批判、理論と実践に関する了解等、の表明から構成されている。

宗教批判の脈絡

フォイエルバッハの宗教批判への論評は、第4テーゼ、第6テーゼ、第7テーゼに現れる。批判の基本は、すでに論説「批判序説」に示されている（本解説**1**参照）。

第4テーゼによるならば、要するにフォイエルバッハの業績は宗教的世界をその世俗的基礎に解消したところにあるが、問題は、なぜ世俗的基礎が宗教を築き上げるかにある。そしてこのことは「この世俗的基礎の自己分裂性と自己矛盾からだけ説明される」のである。それゆえ、世俗的基礎そのものが矛盾において理解されると同時に、実践的に変革されなければならない。第6テーゼも同趣旨である。

なお、第6テーゼについて補足的に説明すれば、これまでそれは、「人間の本質は社会的諸関係の総和である」、あるいは「人間存在〈各個人〉は、社会的諸関係のアンサンブルである」というように、社会学的テーゼとして理解されてきたが、マルクスは社会的諸関係の総和として現実にある人間の本質（あり方）の倒錯性を批判すべきであるとしているのであり、この脈絡で第6テーゼをとらえることが肝要である。

旧来の唯物論への批判

フォイエルバッハ的唯物論（旧来の唯物論）への批判は、第1、第3、第5、第9テーゼに見られる。ポイントは、旧来の唯物論が「現実や対象をありのままに受容し欲するあり方」である直観に基づくことの批判である。宗教の批判に見られるように、現実は倒錯した世界であり、貧困や隷属など、分裂と矛盾に満ちている。にもかかわらず、旧来の唯物論は、世界をそれ自体として受容し、欲求の対象とする。かくて現在のブルジョア社会をそのまま受容する。

だから、第1テーゼは「フォイエルバッハは、感性的な客体――思想の客体と現実的に区別される客体、を欲する」と、第5テーゼは「フォイエルバッハは、抽象的な思考に満足できず、直観を欲する」と記し、それゆえに、第9テーゼは、「直観的唯物論が……至り着くのはせいぜいのところ、個別的な各個人と市民社会の直観である」と、それがもつ限界を歴史的に、近代の市民（ブルジョア）社会とブルジョア的個人の直観に定めたのである。[5]

（5）『ドイツ・イデオロギー』の関連箇所を示しておく。

「もちろん、フォイエルバッハは、人間も〈感性的対象〉であると洞察していることで、「純粋な」唯物論者たちよりもはるかに優れている。しかし、人間を〈感性的対象〉としてだけ把握し、〈感性的活動〉として把握しないことは別としても、フォイエルバッハはここでもまた理論のなかにとどまっており、人間たちを各人の与えられた社会的関連のなかで把握しない……のである。したがって彼は、感性的世界を、それをつくる諸個人の生きた感性的活動全体として把握することには決して到達しない」。

マルクスはなぜこの限界の認識に達したのか。それは、第1テーゼに言うように、対象的現実を人間の活動（の結果）として、つまり人間の活動の対象化された現実として、主体的に把握し、それゆえに（人間の作り出した現実なのだから）変革可能な対象としてとらえたからである。

理論と実践の関係了解

こうして「テーゼ」は、理論と実践に関する旧来の関係了解を覆す。これを示すのが、第2、第8、第10、第11テーゼである。

第2テーゼは、レーニン以来、対象的真理を人間（の思考）が認識しうるのか否かという、認識論の脈絡において解釈されてきた。しかし、イデオロギー論争のなかで考えるときに、この解釈は支持されない。1845年当時、フォイエルバッハだけでなく、フォイエルバッハを批判するバウアーもシュティルナーも、ヘスも理論（理念的思考）を現実に対立させて、理論の現実性を争った。マルクスが問題としたのは、この理論（理念的思考）の現実性であった。第2テーゼも、こうしたテーマの脈絡で理解されなければならない。(6)

(6)　フォイエルバッハ自身が『将来の哲学』において、こう述べていたことも重要である。「感性的直観によって自己を限定する思考こそ、真実な客観的思考、客観的な真理の思考である」（第48節）。「ただ思考を人間から切り離し、それだけを固定するときにのみ、いかにして思考は存在に、客体に至るのかという、苦しい、不毛な、この立場では解くことができない諸問題が生ずるのだ」（第51節）。

第10テーゼが「新しい唯物論の立場は、人間的社会、あるいは社会的人類である」と理念を表明しているが、何か抽象的な理念を立てていると解釈すべきではないだろう。それは、第11テーゼでいう「世界の変革」の内容を示す理念である。ここでは現実的運動が理念の基礎となっている。マルクスは理念を否定したのではない。ブルジョア社会の理念を自立化させるイデオロギーは現実を超えることができないと批判したとはいえ、現実的諸関係を変革するのに必要な理念（私的所有の廃棄による人間的社会の実現）は斥けていないのである。

第11テーゼも、マルクスが「解釈」を否定したかのように受け取られがちだが、それは誤解と言うべきであろう。マルクスは、第4、第8テーゼにおいて、現実的矛盾の理解や人間の実践の「概念的把握」を論じている。これが「解釈」なしにありえないことは明らかである。だからマルクスが問題としたのは、哲学者が原理的に「世界を解釈してきただけである」こと、あるいは哲学が「現存世界の解釈に終始するしかない理論構成になっている」こと、である。

3 エンゲルス『フォイエルバッハとドイツ古典哲学の終結』

最後に、『哲学の終結』について。エンゲルスがこの著作を書いたのは、1880年代である。1840年代からおよそ40年、ドイツではさまざまな事件が起こった。まず、1848年革命が起こり、普墺戦争、普仏戦争を経て、1871年にドイツ帝国が成立した。宰相ビスマルクの下に、ドイツはネイション形成を果たし、１８８４年ベルリン会議以後、帝国列強に伍して世界の領土分割に乗り出した。他方、１８４８年革命は、労働者階級を歴史的運動の主体に押し上げ、マルクス主義をヨーロッパに拡げた（66年に国際労働者協会設立）。フランスでは、１８７１年にパリ・コミューンが成立した。ビスマルクは１８７８年に「社会主義者鎮圧法」により、結社の禁止など労働運動を弾圧したが、時代は大不況期（１８７３年以後）にあたり、労働運動があらためて高揚しようとしていた。思想的には、１８７０年代は、新カント派、生の哲学、不可知論などが現れはじめた時期にあたる。時代は、大きく変容を遂げつつあった。こうしたなかで、エンゲルスはフォイエルバッハ哲学との関連においてマルクス理論の成立史を論じ、唯物論的歴史観を擁護することを課題にしたのである。(7)

（7）　ここでは詳細を論じることができないが、エンゲルスが『哲学の終結』を著した理由には、１８８０年代ヨーロッパの思想状況の下で、ドイツ社会主義労働者党（１８７５年結成）内部にも新カント派や不可知論が浸透しつつあったという事情もあった。エンゲルスは『哲学の終結』によってそれに反駁を加え、社会主義運動におけるマルクス主義の理論的確立を目指したとも言いうる。この意味で『哲学の終結』は論争書である。

以下では、フォイエルバッハ批判およびマルクスの理論形成の部分は別として、『哲学の終結』の別の論点を取り上げる。

哲学の根本問題

『哲学の終結』の1つの論点は、哲学の根本問題である。唯物論か観念論かという対立が何を意味するか、唯物論の立場に立つとはどういうことなのか、なぜマルクスは唯物論の立場に立ったのか。こうした論点をエンゲルスがどう論じたかは、直接本文に譲るほかはないが、哲学の根本問題とされる「思考と存在、精神と自然の関係如何《いかん》」の問題には、[1]世界観的にいずれが根源的であるかという問題と、[2]思考は存在とどのような関係があるのかという問題とが区別されていることは、よく理解する必要があろう。

とくに後半の「思考と存在との関係如何」を問う場合、通説的には世界の認識可能性が問題となっているように理解されるが、必ずしもそればかりではない。エンゲルスは、「思考と存在との関係如何」を「思考と存在との同一性の問題」とも規定している。これは単純に「世界の認識可能性」の問題としてとらえられてはならないであろう。じっさいエンゲルス自身が、「思考が現実世界を認識することができるのか」という問いの前に、「世界の思想と世界そのものはどのような関係になるか」と問い、同じパラグラフの後半でも、思考と存在の同一性を実践のレベルにおいて問題としているからである。存在を現実と言い換えるならば、人間の思考がいかにして現実化しうるのかを問題とする場面は失われてはならない。(8)

(8)「思考と存在との同一性の問題」については、フォイエルバッハ『将来の哲学』に立ち入った考察が見られる。これによれば、存在とは思考の「他者」であり、必ずしも客観的認識の対象に限られておらず、思考は実践的認識にも及ぶのである。

ただし、哲学の根本問題は『哲学の終結』以後、マルクス主義の唯物論理解の基本となり、とくに認識論の脈絡において解釈された。エンゲルス自身が哲学の根本問題について、「われわれの思考は現実世界を認識することができるのか、現実的世界の観念や概念においてわれわれは、現実の正しい映像をつくり出すことができるのか」と定式化し、社会の一般的運動法則を発見する「科学」について語ることによって、マルクス主義を認識論主義に傾斜させた。このことは、マルクスの「テーゼ」と関わらせて理論的に反省してみるべきことであろう。(9)

(9) 今日の研究水準では、マルクスとエンゲルスの理論的把握の相異についても論じるべきところであろうが、それは指摘するだけにとどめることにする。

哲学の終結

エンゲルス『哲学の終結』を貫くテーマは、哲学の終結である。ドイツ哲学の、ではない。イデオロギーとしての哲学一般の終結である。このことも曖昧に把握すべきではない。エンゲルスによれば、「歴史、法、宗教などの哲学が果たしたのは、本質的に、出来事において証明すべき現実的連関ではなく、哲学者の頭脳でつくりだされた連関を設定し、歴史を、全体としてもそれぞれの個々の部分においても、理念の、しかも当然のことながら、つねに哲学者自身のお気に入りの理念の、漸次的実現としてとらえるところにあった」（120ページ）。つまり、ここでは、事実の諸連関を頭脳のなかで案出し、理念を現実の根拠とする哲学のイデオロギー性が問われているのである。エンゲルスが明確に否定するのは、この意味での哲学である。そして反対に課題として提起されるのが、自然だけでなく、社会においても事実の諸連関を発見することなのである。

では、こうして哲学にかわって現れるのは何か。これについては少々曖昧さがあるが、自然科学と社会科学あるいは社会理論である。科学を、万人に妥当する客観的認識というように狭く理解するならば、それだけに限定されない理論（事実の諸連関の把握と結びついた実践的思想）が想定されている。つまり、哲学の終結は、理論一般の終結を意味しないのである。

これに関連して、エンゲルスは哲学の運命について、「自然と歴史から追放された哲学にそれでも存続するのは、なお残るとするかぎりは、純粋思考の領域、すなわち思考過程そのものの法則に関する学説、論理学と弁証法だけであろう」（143ページ）と語っているが、だからと言って、諸科学のほかには論理学と弁証法しか残らないと了解してはならない。事実の諸連関と結びつく諸領域の理論[10]は、いずれも否定されない。このことは、理論の発展を考える場合に肝心なことであろう。

（10） 歴史的には、エンゲルス以後「マルクス主義哲学」が形成され、とくにレーニン以後、「認識論と論理学と弁証法の統一」が問題にされたことがある。しかし、いかなる意味で「マルクス主義哲学」を語りうるのかは別として、エンゲルスも言うように、マルクス主義が世界観としての性格をもつことは確認されてよい。

この理論を、科学と称さないかぎり、さしあたり世界観と性格づけることは可能であり、また適切でもあろう。それはもはやイデオロギーとしての哲学ではない。しかし、事実の客観的認識としての科学でもなく、マルクスの理論は、科学と結合した実践的思想あるいは世界観という意味を失わないのである。(11) エンゲルスは『哲学の終結』の最後に、「ドイツ労働運動は、ドイツ古典哲学の継承者である」(145ページ)と述べた。このことも同じ意味において理解できるであろう。

(11) これらすべてを承知のうえで世界観を「哲学」と言い換えることは許容されるとしても、マルクスの理解を前提するかぎり、「イデオロギーとしての哲学の終結」は曖昧にするべきものではない。

冒頭に述べたように、マルクスの「テーゼ」とエンゲルス『哲学の終結』とは、執筆された意図や歴史的脈絡が基本的に異なる。「テーゼ」は何よりもマルクスの理論形成の脈絡において理解されるべきであり、『哲学の終結』はマルクス亡き後のエンゲルスがマルクス主義を形成していく場面において把握されるべきである。それぞれを詳細に把握することは、今後の作業に委ねたい。本解説は少ない紙数の中で、主としてマルクスの理論形成に焦点を当てたものであるが、それもきわめて概略的な叙述に終わっている。読者がこの解説を元に、さらにマルクス理論の理解を進められることを期待したい。

山科三郎・渡邉憲正

マルクス

フォイエルバッハに関するテーゼ

マルクス「フォイエルバッハに関するテーゼ」は、１８４５年にマルクスの手帳に記された覚書であり、マルクス死後の１８８８年にエンゲルスによって公表された。公表にあたってエンゲルスは、「テーゼ」のかなりの箇所に手を加えた。以下に訳出するのはマルクスの記した「テーゼ」原文である。なお、エンゲルスが校訂した箇所に＊を付し、エンゲルス校訂部分を各テーゼ末尾に訳出しておいた（↓以下）。

1

これまでのあらゆる唯物論（フォイエルバッハの唯物論を含めて）の主要な欠陥*は、対象、現実性、感性が、客体あるいは直観の形式の下にだけとらえられ、感性的人間的な活動、*実践として、主体的に、とらえられていない、ということにある。そのために、活動的な側面は、抽象的に唯物論と対立して観念論によって――観念論は、もとより現実的感性的な活動そのものを知らない――展開された。*フォイエルバッハは、感性的な客体――思想の客体と現実的に区別される客体、を欲する。だが、人間的活動そのものを対象的な活動とはとらえない。それゆえに彼は『キリスト教の本質』において、理論的なふるまいだけを真に人間的なふるまいとみなすのであり、他方、実践は、その賤《いや》しいユダヤ的現象形態においてのみとらえられ、固定化される。それゆえに彼は、「革命的」活動、「実践的―批判的」活動*の意義を把握しない。

＊「これまでのあらゆる唯物論（フォイエルバッハの唯物論を含めて）の主要な欠陥」→「これまでのあらゆる唯物論―フォイエルバッハの唯物論を含めて―の主要な欠陥」

＊「感性的人間的な活動」→「人間的な感性的活動」

＊「活動的な側面は、……展開された」→「活動的な側面は、唯物論と対立して観念論によって展開された―ただし、観念論は、もとより現実的感性的な活動そのものを知らないから、抽象的にのみ展開されることになった」

＊「「実践的―批判的」活動」→「実践的―批判的活動」

2

人間の思考に対象的な真理性が属するか否か、という問題は―理論の問題ではなくて、一つの実践的な問題*である。実践においてこそ、人間は自らの思考のもつ真理性を、すなわちその現実性と力、此岸《しがん》性を、証明しなければならない。思考が現実的であるか、それとも非現実的であるかの争いは——思考が実践から遊離されているかぎり——まったくスコラ的な問題である。*

＊「実践的な」→「実践的な」

＊「思考が現実的であるか、それとも非現実的であるかの争いは——思考が実践から遊離されているかぎり——まったくスコラ的な問題である」→「実践から遊離した思考が現実的であるか、それとも非現実的であるかを争うのは、まったくスコラ的な問題である」

3

環境の変革と教育とに関する唯物論的学説*は、環境が人間によって変革*されること、教育者自身が教育されなければならないことを忘れている。したがってそれは、社会を2つの部分に——このうちの一方が他方の上に位するように（訳注）——分かたずにはおかない。*

環境の変更と人間的活動の変更あるいは自己変革*との合致は、ただ革命的実践*としてだけとらえられ、合理的に理解されうるのである。

〈訳注〉「それは、社会を2つの部分に——このうちの一方が他方の上に位するように——分かたずにはおかない。」の原文は、Sie muß daher die Gesellschaft in zwei Teile—von denen der eine über ihn erhaben ist—sondiren.となっているが、ihn はihr とも解読される。エンゲルスは、この箇所をihrと取り、über der Gesellschaftと書き換えている。なお、テキスト解読については、渋谷正「初期マルクスの経済学研究と1844年—1847年の手帳」〈雑誌『経済』2002年6月—2003年3月所載〉の、とくに第4回—第6回の報告にもとづく。

＊「環境の変革と教育とに関する唯物論的学説」↓「人間は環境と教育の産物であり、それゆえ人間の変革は異なる環境と教育の変更の産物であるとする唯物論的学説」

＊「環境が人間によって」↓「環境がまさに人間によって」

＊「したがってそれは、……分かたずにはおかない」↓「したがってそれは、必然的に、社会を2つの部分に分岐させ〔sondern〕、このうちの一方が社会の上に位するようにさせざるをえない〈たとえばロバート・オーウェン〉」

＊「人間的活動の変更あるいは自己変革」↓「人間的活動の変更」

＊「革命的実践」↓「変革する実践」

フォイエルバッハは、宗教的自己疎外という事実、すなわち宗教的世界と世俗的世界*への世界の二重化という事実から、出発する。彼の業績は、宗教的世界をその世俗的基礎に解消したところにある。だが、世俗的基礎がそれ自身から浮揚し、雲上に自立した王国を築き上げることは*、この世俗的基礎の自己分裂性と自己矛盾からだけ説明されるのである。それゆえ、世俗的基礎そのものが、それ自身の内部において、一方ではその矛盾のうちに理解され、他方では実践的に変革されなければならない。つまりたとえば、地上の家族が天上の家族の秘密として暴かれたのちは、いまや前者そのものが理論的かつ実践的に否定されなければならない*。

＊「宗教的世界と世俗的世界」→「宗教的表象的な世界と現実的世界」

＊「解消したところにある。だが、……築き上げることは、」→「解消したところにある。フォイエルバッハは、こうした作業を成し遂げたあとに、なお為すべき肝心なことが残されていることを見逃す。つまり、世俗的基礎がそれ自身から浮揚し、雲上に自立した王国を築き上げるという事実は、まさに、」

＊「それゆえ、世俗的基礎そのものが、……否定されなければならない」↓「それゆえ、世俗的基礎そのものが、まず第一に、その矛盾のうちに理解され、しかる後に、矛盾の除去によって実践的に変革されなければならない。つまりたとえば、地上の家族が天上の家族の秘密として暴かれたのちは、いまや前者そのものが理論的に批判され、実践的に変革されなければならない」

5

フォイエルバッハは抽象的な思考に満足できず、直観を欲する。＊だが、彼は感性を、実践的な＊人間的感性的活動としてとらえることがない。

＊「直観を欲する」↓「感性的直観に訴える」

＊「実践的な」↓「実践的な」

6

フォイエルバッハは、宗教の本質（あり方）を人間の本質＊（あり方）へと解消する。しかし、人間の本質（あり方）は、個別的な個人に内在する抽象物ではない。それは、その現実態においては、社会的諸関係の総和である。

フォイエルバッハは、この現実態における本質（あり方）の批判に立ち入らないから、したがって否応なく、

1　歴史的な経過を捨象して、宗教的心情それ自体を固定化し、抽象的な――孤立した――人間的個人を前提することを余儀なくされる。

2　したがって、本質（あり方）*は、ただ「類」として、多数の個人を自然的に*結合している、内的な、物言わぬ普遍性としてしか、とらえることができない。

＊「人間の本質」→「人間の本質」

＊「したがって、本質（あり方）」→「したがって、彼の場合、人間の本質（あり方）」

＊「自然的に」→「たんに自然的に」

7

したがってフォイエルバッハは、「宗教的心情」そのものが社会的産物*であり、彼の分

析する抽象的個人が一定の社会的形態に属している、ということを見ていない。

＊「社会的産物」→「社会的産物」

＊「抽象的個人が一定の」→「抽象的個人が現実には一定の」

8

すべての社会的生活＊は、本質的に実践的である。理論を神秘主義へと誘う＊すべての神秘の合理的な解決は、人間の実践と、この実践に関する概念的把握のうちに見いだされるのである。

＊「すべての社会的生活」→「社会的生活」

＊「誘う」→「惑わす」

9

直観的唯物論*が、すなわち感性を実践的な活動として把握することのない唯物論が、至り着く*のはせいぜいのところ、個別的な各個人と市民社会*の直観である。

＊「直観的唯物論」→「直観的唯物論」

＊「至り着く」→「到達する」

＊「市民社会」→「「市民社会」」

10

古い唯物論の立場は市民社会*であり、新しい唯物論の立場は、人間的社会、あるいは社会的人類*である。

＊「市民社会」→「「市民」社会」

＊「人間的社会、あるいは社会的人類」→「人間的社会、あるいは社会化された人類」

11

哲学者たちはこれまで、世界をさまざまに解釈してきただけである。肝心なのは、*世界を変革することである。

＊「肝心なのは」→「しかし肝心なのは」

Karl Marx

F. Engels

エンゲルス

フォイエルバッハとドイツ古典哲学の終結

＊で示す注は、原著者が付したものである。
（1）、（2）、……で示す注は、訳者が付したものである。また、〔　〕内は訳者による補足である。

序

『経済学批判』（ベルリン、1859年）序言のなかでカール・マルクスは、われわれ2人が1845年にブリュッセルにおいて、「われわれの見解の」――とりわけマルクスによって仕上げられた唯物論的歴史観の――「ドイツ哲学のイデオロギー的見解に対する対立を共同でつくり上げること、じっさいにはわれわれのそれまでの哲学的意識を清算すること」に着手した様子を語っている。「この企ては、ヘーゲル以後の哲学の批判という形態をとって遂行された。部厚い八つ折版2冊からなる草稿がヴェストファーレンにある出版所に届けられて大分経った後に、事情が変わり出版できないという知らせを受け取った。われわれはすでに主要目的であった自己了解を果たしていたから、それだけに喜んで草稿を鼠のかじる批判のままに任せた」。

以来、40有余年の時が流れ、マルクスは死去した。しかし、これまでに、われわれのどちらかが右記のテーマに立ち返る機会は与えられなかった。ヘーゲルとの関係については折に触れて表明してきたが、包括的な脈絡ではどこにも論じていない。フォイエルバッハはやはりいくつかの論点でヘーゲル哲学とわれわれの見解の中間項をなすとはいえ、われわれがあらためてそれに立ち返ることはこれまでなかった。

この間、マルクスの世界観はドイツおよびヨーロッパの境界をはるかに越え、世界のすべての教養ある言語において支持者を見いだすに至った。他方、ドイツ古典哲学は外国において、とりわけイングランドとスカンジナビア諸国において、一種の復活を遂げたが、ドイツですら、諸大学において哲学の名の下に飲まされている折衷的な乞食スープには食傷ぎみになっているように見える。

こうした事情の下で、われわれとヘーゲル哲学との関係について、われわれがどのようにヘーゲル哲学から始め、かつそれから離脱したかを簡略にまとまった形で説明することが、ますます求められていると思われた。そして同様に、ヘーゲル以後のすべての他の哲学者にもましてフォイエルバッハがわれわれの疾風怒濤時代に与えた影響を完全に認めることが、なお未返済の負債としてあるように思われたのである。だから私は、『ノイエ・ツァイト』編集部がシュタルケのフォイエルバッハ書に対する批判的論評を求めてきたとき、この機会をすすんでとらえた。私の論文は、同誌の1886年第4号および第5号に公表された。ここにそれを校訂した単行本として刊行する。

この原稿を印刷に送るまえに、1845年／46年の古い草稿をいま一度探して、目を通した。フォイエルバッハの章は完成されていない。でき上がっているのは、唯物論的歴史観を叙述した箇所だが、しかし、それは、経済史に関する当時のわれわれの知見がいかにまだ不完全なものであったかを証明するにすぎない。フォイエルバッハの学説そのものに対する批判はそこにはない。それゆえ現在の目的には右の草稿は役に立たなかった。これに対して、私はマルクスの古いノートに、本書の付録に印刷した「フォイエルバッハに関する11のテーゼ」を見つけた。それは、のちに仕上げるために急いで書き留められたメモ書きであり、断じて印刷を予定していたものではないが、新しい世界観の天才的萌芽を記す最初の記録文書として、計り知れない価値をもつものである。

ロンドン　1888年2月21日
フリードリヒ・エンゲルス

1

この著作*は、われわれを一つの時代に連れ戻す。それは、時間でいえば今から一世代あまり前のことだが、今日のドイツ人にはたいへん縁遠くなっており、あたかもすでにたっぷり1世紀が経っているような印象を与えるかもしれない。だがそれでも、それはドイツが1848年の革命を準備していた時期なのであり、しかも、以来これまでにドイツで生じた一切の出来事は、1848年の続行でしかなく、革命の遺言執行にすぎないのである。

＊ C・N・シュタルケ著『ルートヴィヒ・フォイエルバッハ』シュトゥットガルト、フェルディナント・エンケ書店、1885年。

18世紀のフランスにおけると同様に、19世紀のドイツでも、哲学上の革命が政治的崩壊の導きとなった。しかし、2つの〔哲学上の〕革命の様相の、なんと異なることであろうか。フランス人は、公認の学問全体と、教会と、しばしば国家とも、公然たる闘争を展開した。彼らの著作は国境を越えて、オランダやイギリスで印刷されたのであり、彼ら自身もしばしばバスティーユに投獄される危険にさらされた。これに反してドイツ人はと言えば——大学教授、国家に任命された青年たちの教師であり、彼らの著作は認可された教科書であった。〔ドイツ哲学革命の〕全発展の最後を締めくくる体系であるヘーゲルの体系は、ある意味ではプロイセン王国公認の国定哲学の地位にまでものぼり詰めた。これらの教授の背後に、彼らの衒学《げんがく》的かつ意味不明な言葉の背後に、重苦しく退屈な文章のうちに、果たして革命が潜んでいるとでも言うのだろうか。いったい、当時革命の擁護者とみなされていた人びと、つまり自由主義者たちこそ、まさに、頭を惑わすこの哲学に、最も激しく反対した者たちではなかったか。だが、政府も自由主義者も見ていなかったものを、すでに1833年に少なくとも1人の人間が見ていた。その名は言うまでもない、ハインリヒ・ハイネ[1]である。

（1）ハイネは論文「ドイツにおける宗教と哲学の歴史」（フランス語版1833年、ドイツ語版1834年）において、「わがドイツの哲学革命は終わった。ヘーゲルがこの革命の大きな循環を終結させた。それ以後はただ、自然哲学の学説が発展し完成するのを見るのみである」「ドイツ哲学は一つの重大な、人類全体の問題である。われわれはまずドイツ哲学を完成しておいてから、続いてドイツの政治革命を成就する……」と、来たるべきドイツの政治革命を予告した。なお、邦訳として『ドイツ古典哲学の本質』（岩波文庫、1951年）がある。

1つの例を取ることにしよう。哲学的命題として、ヘーゲルの左記の有名な命題ほど、愚昧な政府からは感謝を、同様に愚昧な自由主義者からは怒りを、招いたものはなかった。

「現実的であるものはすべて理性的であり、理性的であるものはすべて現実的である[2]」

（2）ヘーゲル『法哲学』序文。ただし、ヘーゲルの原文は、「理性的であるものは現実的であり、そして現実的であるものは理性的である」。エンゲルスの引用は前半と後半が反対であり、かつ「すべて」はエンゲルスの付加による。

なんといっても、これこそ明白に、現存するもの一切を神聖化し、専制政治、警察国家、専断裁判、検閲を哲学的に祝福するものではないか。そのようにフリードリヒ・ヴィルヘルム3世が受け取ったとすれば、臣民たちもまたそうであった。だが、ヘーゲルの場合、現存するものの一切がともかくそのまま現実的でもあるというのではけっしてない。現実性という属性は、ヘーゲルにあっては、ただ、同時に必然的であるものだけに具わるのである。

「現実性は、それが展開される中で、必然性〔必要性〕であることが示される[3]」

したがってまた、政府によるいかなる措置も——ヘーゲル自身は「ある種の租税制度」[4]の事例を挙げている——、すでにそれだけで現実的なものとみなされはしない。他方、必然的であるものは、究極において、理性的でもあることが示される。だから、当時のプロイセン国家にあてはめるならば、ヘーゲルの命題はこうなるほかはない。すなわち、この国家が理性的であり、理性にふさわしいのは、それが必然的であるかぎりでのことである、と。それでも、プロイセン国家がわれわれには劣悪なものと現れ、しかし劣悪にもかかわらず存続しているのだとすれば、この政府の劣悪さは、それに照応する臣民たちの劣悪さによって正当化され、説明される。当時のプロイセン人は、彼らがもつに値する政府をもっていたというわけである。

(3) ヘーゲル『エンチクロペディ』第1部「論理学」第143節補遺。
(4) ヘーゲル『エンチクロペディ』第1部「論理学」第142節補遺。

さてそれにしても、現実性という属性は、ヘーゲルによれば、ある与えられた社会的あるいは政治的事態に、いかなる事情でもいかなる時代にも、具わるというものではない。反対である。ローマの共和制は現実的であった。だが、それを駆逐したローマの帝国もまた現実的であった。フランスの君主制は、１７８９年に非現実的なものと化した、すなわちあらゆる必然性を奪われ、非理性的なものになったから、ヘーゲルがつねにこの上ない感激をもって語る大革命によって滅亡させられるほかなかったのである。それゆえここでは、君主制が非現実的なものであり、革命が現実的なものである。こうして、かつては現実的であったものの一切が発展の過程で非現実的になり、その必然性、その存在する権利、その理性性を失うのであり、亡びゆく現実的なものに代わっては、生命力ある新しい現実が現れる――古いものが、賢明にも抗うことなく死を受け入れるならば平和的に、この必然性に逆らうならば暴力的に、現れる。だから、ヘーゲルの命題はヘーゲル的弁証法そのものによって、その反対物へと転回を遂げる。人間の歴史の領域において現実的であるものはすべて、時間とともに非理性的なものとなる。したがってそれは、すでにこの規定からして非理性的なものであり、最初から非理性性にとりつかれているのである。そして他方、人間の頭脳の中で理性的であるものはすべて、たとえそれがどれほど現存する見かけの現実と矛盾していようとも、現実的になる定めにある。現実的なもののすべてが理性的であるという命題は、ヘーゲルの思考方法のすべての規則にしたがって、別の命題に解消されるのである。すなわち、現存する一切のものは没落するに値する、と。

かくて、ヘーゲル哲学（ここでは、カント以来の全運動を完結させるものとしてのヘーゲル哲学に限定しなければならない）のもつ真の意義と革命的な性格は、まさにそれが、人間の思考と行動のあらゆる成果の究極性ということに、これを限りに止めを刺したところにあったのである。哲学において認識すべき真理は、ヘーゲルの場合に、もはや、いったん見いだされるや暗記さえすればよいという、完全にできあがった教条的な命題の集成ではなくなった。真理はいまや認識作用の過程そのものにあり、学問の長い歴史的発展のうちにある。学問は認識の低次の段階からつねに高次の段階に高まる。とはいえ、いつの日にか、いわゆる絶対的真理の発見によって、もはやこれ以上進むことができないという地点に、すなわち、手をつかねて、獲得された絶対的真理を嘆慨のまなざしでみつめるほか、学問は何もすることがないという地点に、到達することはない。哲学的認識の領域に成り立つことは、他のあらゆる認識領域にも、また実践的行為領域にも成り立つ。認識におけると同様に、歴史においても、人類の完全な理想状態という完成を遂げる終結を見いだすことはできない。完全な社会、完全な「国家」など、ただ幻想の中でのみ存在しうるものにすぎない。反対に、次々と継起するあらゆる歴史的状態は、人間社会の無限の発展行程における、低次から高次に至る経過的諸段階にほかならない。どの段階も必然的であり、したがって各段階は、各々の時代とそれの起源になった諸条件のゆえに正当化される。だが、それは、次第にそれ自身の胎内において発展してくる高次の新しい諸条件に対しては、無効になり、正当性を失う。こうしてそれは、より高次の段階に席を譲らざるをえないのだが、この高次段階もまた一連の衰退と没落の憂き目に会うのである。ブルジョアジーは大工業と競争と世界市場を通して、古くて格式のある、すべての固定的な制度を実践的に解体した。同じように、この弁証法的哲学は、究極的な絶対的真理とそれに照応する人類の絶対的状態に関するすべての観念を解体してしまうのである。この哲学からすれば、究極的なもの、絶対的なもの、聖なるものは何ひとつ存在しない。それが指摘するのは一切のものの一過性であり、それにとって存続するものは、生成と消滅との、低次から高次に至る終わりなき上昇の、不断の過程以外にない。そして思考する頭脳へのこの過程の単なる反映が、哲学そのものなのである。むろん、この哲学には保守的な側面もある。すなわち、それは、各々特定の認識段階および社会段階がそれぞれの時代、事情において正当であることを承認している。だが、それもそこまでのことにすぎない。この見方の保守性は相対的であり、それの革命的性格は絶対的である――そしてこれこそ、この哲学の認める唯一絶対的なものである。

ここで、この見方が自然科学の今日的水準に完全に合致しているかどうかという問いに立ち入る必要はない。自然科学は、地球の存在そのものに終わりがありうること、地球の居住可能性の終わりがかなり確実であることを予告しており、したがってまた、人類史には上りだけでなく下りもあることを認識している。だが、いずれにせよわれわれはまだ、社会の歴史が下降を始める転換期からかなり遠くに離れているのであり、しかもヘーゲル哲学に対して、当時自然科学がまだまったく日程にのぼせていなかったテーマに取り組むことなど、期待することはできないであろう。

むしろ、じっさいここで言うべきは次のことである。すなわち、上記内容の展開は、いま述べたように明快にはヘーゲルに見いだされないということである。それはヘーゲルの方法の必然的な帰結であるが、ヘーゲル自身はこのように明確にそれを引き出したことはない。しかも、それは単純な理由によるのであって、ヘーゲルが体系をつくらざるをえなかったからである。哲学の体系は、これまでの要請によれば、何らかの絶対的真理をもって完結しなければならない。ヘーゲルもまた、とりわけ『論理学』において、この永遠の真理は論理的過程ないしは歴史的過程そのものにほかならないと強調するにもかかわらず、はたしてみずからこの過程に終わりを設定せずにはいられない。なぜなら、まさに体系をどこかで終わりにしなければならないからである。『論理学』ではこの終わりをふたたび端緒とすることができるのであって、この場合、終点をなす絶対理念——それが絶対的であるのは、ヘーゲルが絶対にそれについて何も言うことができないからである——は、自己を自然へと「外化」[5]すなわち転成し、のちに精神において、つまり思考と歴史において、再び自己自身に達する。しかし全哲学の結論では、端緒への同じような反転はただ1つの道を通してのみ可能である。つまり、歴史の終わりを、人類がまさにこの絶対理念の認識に到達したという時点に設定し、絶対理念のこの認識はヘーゲル哲学において達成されたと宣言することによって、である。だが、こうして、ヘーゲル哲学体系の教条的内容全体が、あらゆる教条的なものを解消する弁証法的方法に矛盾して、絶対的真理と宣言されることによって、革命的側面は保守的側面の下に窒息させられる。ところで哲学的認識について言えることは、歴史的実践にも言える。ヘーゲルという人物において絶対理念を生み出すまでに至った人類は、実践的にも、この絶対理念を現実のうちに実現できるまでに至ったのでなければならない。だから絶対理念が同時代人に示す実践的な政治的要請は、あまり高度に引き上げられてはならない。かくて『法哲学』の最終の結論〔第3章「人倫」の第3節〕でわれわれが見いだすのは、こうである。絶対理念は、身分議会制をもつ君主制という、フリードリヒ・ヴィルヘルム3世[6]がその臣民に約束をしながら強情にもついに果たさなかった制度において実現されるのであり、それゆえ当時のドイツの小市民的諸関係に適合した、所有諸階級の限定的かつ穏健な間接支配において実現されるというものであり、そしてこの場合に、なお貴族の必然性が思弁的な方法で証明されるのである。

（5）「外化」は、Entäußerungの訳。一般に、本質の異なる他者になる「他者化」を意味する。たとえば商品生産は、自己の欲求充足のための生産ではなく、他者の欲求充足のための生産であり、したがって商品は本来他者化したものであり、交換において他者のものになる。こうした過程が「外化」である。ヘーゲルは、精神が本質の異なる自然に転成することを「外化」と表現しているのである。

（6）フリードリヒ・ヴィルヘルム3世はプロイセン国王（在位1797−1840年）。1815年に全国議会の創設を約束したが、国会開設はついに実現しなかった。

それゆえ、ひとえに体系のもつ内的必然性〔必要性〕だけが、なぜ〔ヘーゲルが〕、徹底して革命的な思考方法を媒介として、きわめて穏やかな政治的結論を生み出すのかの理由を十分に説明するゆえんとなる。この結論のもつ特有の形態が生まれる要因は、むろんヘーゲルがドイツ人であり、同時代人であるゲーテと同じように俗物の弁髪をうしろに下げていたということにある。ゲーテとヘーゲル、いずれもそれぞれの分野においてオリンポスのゼウス(7)のような存在であったが、2人ともドイツの俗物根性を完全には抜け出せていなかったのである。

（7）　ギリシア神話によれば、ゼウスは、オリンポス山に住まうとされる一二神の主神。

しかし、以上の事情があるからと言って、それは、ヘーゲル体系がそれ以前のいかなる体系とも比較にならないほどの大領域を包括し、この領域において、今日なお驚きをよぶほどの豊かな思想を展開することの妨げには一切ならなかった。精神の現象学（これは、精神の発生学および古生物学の並行理論と名づけることができる。すなわちこの理論では、個人の意識がさまざまな段階を通してたどる発展は、人間の意識が歴史的に経めぐってきた諸段階を圧縮して再生する過程ととらえられる）、論理学、自然哲学、精神哲学があり、さらにこの精神哲学は、個別の歴史的下位形態において、歴史哲学、法哲学、宗教哲学、哲学史、美学などとして仕上げられる。――ヘーゲルは、これらさまざまな歴史的領域のすべてを研究し、発展を貫く糸を見つけ出し、証明した。そして、彼は創造的な天才であっただけでなく、百科全書的な博識をも備えた人であったから、至るところで画期的な業績を上げた。ここでもしばしば「体系」の必要性ゆえに、ヘーゲルが力ずくの構成に逃げ場を求めざるをえなかったのは自明である。そして、このことを今日まで小者の敵対者たちが仰々しく騒ぎ立てているのであるが、この構成は、彼の業績の枠組であり、建築足場であるにすぎない。ここに不必要に立ち止まることなく、深く巨大な構築物に入り込むならば、今日でもなお十分な価値をもちうる無数の宝に出会えるであろう。すべての哲学者において、まさしく「体系」は一時的なものである。しかも一時的であるのは、まさしく、体系が人間精神のもつ永続的な欲求から、すなわちあらゆる矛盾を克服しようという欲求から、〔たえず〕生じるからなのである。しかしあらゆる矛盾がこれを限りに片づけられたとすれば、いわゆる絶対的真理に到達し、世界史は終わりを迎える。ところが、もはや為すべきことは何も残されていないにもかかわらず、それでも世界史は続かなければならない。――これは、それゆえ新たな解決不能の矛盾である。だから、あらゆる矛盾を克服せよという哲学の課題設定は、個別の一哲学者に、人類全体だけが永続的な発展において果たしうるものを果たす、という課題を迫ることにほかならない。いったんこのことを洞察するや――この洞察へと最終的に達するにあたっては、誰にもましてヘーゲル自身が助けとなった――、従来の意味での哲学全体も終わりになる。この哲学の道を通しては、しかも各個人では、達成することのできない「絶対的真理」など、構わずに捨てておき、それに代わって、実証的諸科学と、弁証法的思考を媒介としたそれらの成果の総括という道を通して、達成可能な相対的諸真理を追究することになる。ヘーゲルをもって哲学一般は終結した。それは、ヘーゲルが、一方では哲学の発展全体をその体系のうちにきわめて壮大な仕方で総括してみせたからであり、他方では、無意識にせよ、諸体系のこうした迷宮から世界の現実的な実証的認識へと至る道を示したからである。

このヘーゲル体系が、哲学的に彩られたドイツの雰囲気の中でどれほど巨大な作用を及ぼさずにおかなかったか。これは、おのずとわかるであろう。凱旋行列は、20－30年続き、ヘーゲル死後も収まることはなかった。それどころか反対に、ちょうど1830年から1840年まで、「ヘーゲルぶり」の支配は頂点に達し、反対者すら多かれ少なかれそれに感染した。まさにこの時代に、ヘーゲルの見方は溢れんばかりに、意識的か無意識的かは別として、きわめて多岐にわたる科学に入り込み、大衆文学や日刊新聞にも浸透したのであり、これらから一般の「教養ある意識」はその思想材料を引き出した。だが、全戦線にわたるこうした勝利は、内部闘争の序幕にすぎなかった。

ヘーゲルの全学説は、すでに見たとおり、さまざまに異なる実践的党派の見方を受け入れる十分な余地を残していた。そして実践的なものとは、当時の理論的ドイツにおいては、とりわけ2つの事柄、すなわち宗教と政治、であった。ヘーゲルの体系に重きを置いた人びとは、これら2つの領域でかなり保守的でありえた。弁証法的方法に核心を見た人びとは、宗教でも政治でも極端な反対派に属することができた。ヘーゲル自身は、著書の中でかなりしばしば革命的な怒りを噴出させてもいるが、全体としてはどちらかと言えば保守的側面に傾いているように見えた。なにしろ、ヘーゲルにとっては、体系は方法よりもはるかに「厄介な思想上の仕事」を要したからである。30年代の終わり頃には、学派内部における分裂がますます顕著になった。左派、いわゆる青年ヘーゲル学派(8)は、焦眉の時事問題に対する上品な哲学的自制ゆえに、それまで国家による教説の容認、否、保護さえも得ていたが、敬虔主義的正統派や封建的反動家との闘争の中で、その自制を少しずつ投げ捨てていった。そしてほぼ1840年頃、正統派のにせ信仰と封建的絶対主義的反動が、フリードリヒ・ヴィルヘルム4世(9)という名を以て戴冠したとき、公然とした党派形成が避けられないものとなった。闘争はなお哲学的武器をもっておこなわれた。だが、もはや抽象的な哲学的目標のためではなかった。問題は単刀直入に、伝来の宗教と現存する国家を否定することであった。そして、『ドイツ年誌』(10)では実践的な究極目的はなお主に哲学的扮装をまとって現れていたとはいえ、1842年の『ライン新聞』(11)に至ると、青年ヘーゲル学派はじかに新興の急進的ブルジョアジーの哲学として姿を現し、哲学的装いも検閲を欺くためのものにすぎなくなった。

(8) ヘーゲル学派は君主制およびキリスト教に対する態度により、右派、中央派、左派に分かれたとするのが一般的である。分類にも諸説あるが、右派には、ゲッシェル、ガプラー、ヘニングらがいる。右派はヘーゲル哲学とキリスト教との合一を認める。中央派としては、ローゼンクランツ、

J・E・エルトマン、ミヘレット、マールハイネケなど。ヘーゲル著作集の編集、哲学史分野に業績がある。左派には、D・シュトラウス、B・バウアー、L・フォイエルバッハ、M・シュティルナー、アーノルト・ルーゲ、モーゼス・ヘスなどが属する。君主制とキリスト教に対する批判が主流をなし、のちに唯物論、共産主義へと転換を遂げる者もあった。若きマルクス、エンゲルスも一時期、ヘーゲル左派に属した。

(9) プロイセン国王フリードリヒ・ヴィルヘルム4世（在位1840－61年）は、即位直後こそ改革に着手したものの、もともとフォン・ハラーの家産国家学説を信奉していたため、国家の立憲化を求める世論と対立した。1848年革命では欽定憲法を制定し、革命を徹底的に弾圧した。

(10) 『ドイツ年誌』（1841年7月－43年）は、ルーゲ、エヒターマイヤーが編集にあたった『ハレ年誌』（1838－41年）を前身とする文芸哲学雑誌。いずれも、ヘーゲル左派の機関誌的な役割を果たした。フォイエルバッハ「ヘーゲル哲学批判のために」（1839年）、バウアー「キリスト教国家と現代」（1841年）、ルーゲ「ヘーゲル法哲学と現代政治」（1842年）などを掲載した。1843年1月に発禁処分を受けた。

(11) 『ライン新聞』は、自由主義的ブルジョアジーの出資を受け1842年にケルンで発刊された日刊新聞。創設者には青年ヘーゲル学派のユング、ヘスらがおり、編集者には、ゴットロープ、オッペンハイム、ルーテンベルクがなった。マルクスは1842年10月に編集者となり、多くの論説を執筆したが、『ライン新聞』は、反政府的傾向のゆえに1843年3月末日をもって発行禁止となった。

だが、政治は当時、いばらにみちた領域であったから、主要な闘争は宗教に向けられた。じっさい対宗教の闘争は、とりわけ1840年以来、間接的には政治闘争でもあった。最初の衝撃を与えたのはシュトラウスの『イエスの生涯』(1835年)、であった。ここでは福音書は神話の形成にもとづくという理論が展開されたが、この理論には、のちにブルーノ・バウアーが、一連の福音書の物語全体は福音書著者自身が創作したものであるという証明をもって対抗した。2人の論争は、「実体」と「自己意識」との闘争という哲学的扮装をとっておこなわれた。[12] 福音書の奇跡の物語は、教団の胎内における無意識の伝統的な神話形成を通して成立したのか、それとも福音書著者たちそのものによって創作されたのか。この問題は、世界史において決定的な作用力となるのは「実体」かそれとも「自己意識」なのか、という問題にまでふくらませられた。そして最後に、今日のアナーキズムの預言者シュティルナー——バクーニンは非常に多くのものを彼から得ている[13]——が立ち現れて、至高の「自己意識」を凌駕するのに、その至高の「唯一者」をもってしたのである。[14]

（12）文献としては、シュトラウス『論争集』（１８３７年）やバウアー『共観福音書批判』（全3巻、１８４１−42年）がある。

（13）アナーキストとして知られるバクーニンも、１８４０年代にドイツやフランスに居住し、ルーゲ、ヘルヴェーク、マルクスらヘーゲル左派や、さらにはヴァイトリング、プルードンらと交渉があった。この時期の著作としては、『ドイツにおける反動』（１８４２年）など。

（14）シュティルナーの著書『唯一者とその所有』は１８４４年11月に出版された。シュティルナーは、「人間は人間にとって至高の存在だ、とフォイエルバッハはいう。人間はいまやはじめて発見された、とブルーノ・バウアーはいう」と記し、これを「より厳密に見極めてみようではないか」と提起して、最後に「私の事柄を、無の上に、私はすえた」と述べた。なお邦訳は、『唯一者とその所有』上下（現代思潮社、１９６７−68年）がある。

ヘーゲル学派の分解過程のこうした側面については、これ以上立ち入らないことにする。われわれにとってより重要なのは、最も断固たる青年ヘーゲル学派の多数が既成宗教に対する闘争の実践的必要に迫られて、イギリスおよびフランスの唯物論へと引き戻されたということである。ここで、彼らは学派の体系と衝突するに至った。唯物論は自然を唯一現実的なものととらえるのに対して、ヘーゲルの体系では自然は絶対理念の「外化」を表すにすぎず、いわば理念の堕落した形態である。この体系では、事情はどうあれ、思考とその思考の所産である理念が根源的なものであり、自然は派生的なものであって、理念一般が退落することによってのみ存在するのである。そして人びとは、具合が良くなろうと悪くなろうと、この矛盾のなかをうろつき回っていたのである。

そこにフォイエルバッハの『キリスト教の本質』がやってきた。[15] それは、唯物論を直截に再び王座につけることによって、上記の矛盾を一撃のもとに打ち砕いた。自然はあらゆる哲学から独立に存在する。それが基礎であり、この基礎の上に、それ自体自然の産物であるわれわれ人間が生まれてきた。自然と人間の外部には何も存在しない。そして、われわれの宗教的幻想が創造したより高次の存在というものは、われわれ自身の本質の幻想的な反映にすぎないのだ。呪縛は解かれた。すなわち「体系」は打破され、脇に投げ捨てられ、かの矛盾は、想像のうちにだけ存在するものとして解消された。――この書物がもった解放的作用は、みずから体験した者でなければ、どんなものであったかを表象することもできない。感激は人びと一般に及び、われわれはみな、一時的にフォイエルバッハ主義者となった。マルクスがこの新しい見解をいかに熱狂的に迎え入れたか、いかに――いろいろな批判的留保にもかかわらず――それから影響を受けたかは、『聖家族』を読めば知られよう。[16]

(15) フォイエルバッハの『キリスト教の本質』初版が刊行されたのは、1841年である。広範な反響を呼び起こしたのは、1843年に出された第2版であるとされる。しかし、いずれにせよ、『キリスト教の本質』の刊行がシュティルナー『唯一者』よりも早いことには注意すべきである。

(16) マルクスは『聖家族』(1844年秋執筆、1845年2月刊)において、「フォイエルバッハは形而上学的な絶対精神を『自然という基礎の上に立つ現実的人間』に解消することによって、はじめてヘーゲルをヘーゲルの立場に立って完成し、批判した。それと同時に、彼はヘーゲル的思弁の、したがっていっさいの形而上学の批判のために、卓越した偉大な〔将来の哲学の〕諸原則を構想することによって、宗教の批判を完成した」「形而上学は、いまや思弁そのもののはたらきによって完成され、人間主義と合致する〔フォイエルバッハの〕唯物論に永久に、屈服するであろう」と評価している。同時にここで肝要なのは、エンゲルスも指摘しているように、マルクスがすでに「いろいろな批判的留保」を示していることである。たとえば、「フォイエルバッハが理論の領域で、人間主義と合致する唯物論を主張したように、フランスとイギリスの社会主義と共産主義は実践の領域でこの唯物論を主張した」「彼ら〔大衆的な共産主義的労働者〕は存在と思考とのあいだの、意識と生活とのあいだの区別を痛切に感じている。彼らは所有、資本、貨幣、賃労働などがけっして観念上の妄想ではなく、彼らの自己疎外の、非常に実践的な、非常に対象的な産物であり、したがって思考や意識のうちだけでなく、大衆的存在、生活のうちで人間が人間となるためには、それらが実践的・対象的な仕方で廃棄されなければならないことを知っている」などの叙述には、フォイエルバッハ評価の限定を見ることができる。なお、マルクスは『聖家族』執筆直前の1844年春／夏に『経済学哲学草稿』を執筆している。

フォイエルバッハの書物は、その欠陥すら一時の効果を上げるのに寄与した。美文調の、ときに誇張のすぎた文体は、さらに幅広い読者をつかむことになり、抽象的かつ難解なヘーゲルぶりが長年続いたあとでは一服の清涼剤にさえなった。同じことは、大げさな愛の神格化にも言える。それは、「純粋思考」の至上性がすでに耐え難いものになっていたから、たとえ正当化はされないまでも、許容されるものではあった。だが、忘れてならないのは、まさにフォイエルバッハのこの2つの弱点に、1844年以来「教養ある」ドイツに疫病のように拡がった「真正社会主義」[17]が結びついたことである。真正社会主義は、科学的認識ではなくて美文調の文句を語り、生産の経済的改造によるプロレタリアートの解放ではなくて、「愛」による人類の救済を唱え、要するに、不快をもよおす美文と愛の陶酔に迷い込んだ。この典型が、カール・グリューン氏[18]であった。

(17) 真正社会主義は、人間の本質にもとづいて「真の社会」を理念的に構想するドイツの社会主義。

モーゼス・ヘスやカール・グリューン、クリーゲらが代表者。マルクスは『共産党宣言』(1848年)第3章において、真正社会主義を、「ドイツの城外市民の利益」を擁護する「反動的社会主義」の一種と性格づけている。なお、エンゲルス『真正社会主義者たち』(1847年)も参照。

(18) カール・グリューンは『フォイエルバッハと社会主義者』(1845年)の中で、「愛こそ唯一の真の存在であり、普遍的なものである」「現代の課題は類の実現――すなわち政治の社会主義への転化、解消である」などと述べている。グリューンの著作としては他に『真の教養について』(1844年)、『フランスとベルギーの社会運動』(1845年)、などがある。

さらに忘れてならないことがある。それは、ヘーゲル学派は解体されたが、ヘーゲル哲学は批判的に克服されていなかった、ということである。シュトラウスとバウアーは、いずれも、ヘーゲル哲学の二側面の一方を取り上げ、それを他方の側面に対立させて論争を挑んだ。フォイエルバッハはその体系を打ち壊し、単純に脇に追いやった。だが、哲学というものは、単純に虚偽であると説明することによって片づけられはしない。まして、一国民の精神的発展に途方もない影響を与えたヘーゲル哲学のような、巨大な業績の場合には、簡単に無視して片づけられるものではない。ヘーゲル哲学は、それ固有の意味において、「廃棄」(19)されなければならない。すなわち、ヘーゲル哲学の形態は批判的に否定されても、それによって獲得された新しい内容は救い出されるという意味において、である。これがどのようになされたか、については後述する。

(19)「廃棄」は、Aufhebenの訳。エンゲルスが説明するように、形態は否定しても内容を保存する、という意味であり、一般には「止揚」とか「揚棄」とかと訳されるが、つねにヘーゲル的な意味をもつとは限らない。以下、基本的に「廃棄」と訳す。

ともかく、しかし、1848年の革命は哲学全体を、フォイエルバッハがヘーゲルを片づけたように容赦なく、脇に押しのけてしまった。それと同時にフォイエルバッハ自身もまた、背景へと追いやられたのである。

2

あらゆる哲学の、とくに近代哲学の、大きな根本問題は、思考と存在との関係如何《いかん》を問う問題である。ごく初期の古い時代*には、人間は、なお自己の身体構造についてまったく無知であったから、夢の現象に刺激されて、思考と感覚はその身体の活動ではなく、何か特殊な、この身体に住み着き、死にさいして身体を離れ去る魂の活動であるとの観念をもつに至った。——この時代以来、人間はこの魂と外部世界との関係について考えをめぐらさざるをえなかった。魂が、死にさいして身体から分離し、生き続けるとしたら、この魂になお特別な死があるというわれはないのであり、こうして魂の不死という観念が成立した。この観念は、ごく初期の発展段階では慰めとならず、かえって逆らうこと叶わぬ運命と受けとめられ、そして、しばしば、ギリシア人の場合のように、実際の不幸と見なされた。宗教的な慰めへの欲求の結果ではなく、どこにも等しく見られた愚昧さから、いったん想定された魂を身体の死後にどう処理すべきかという当惑が生じた結果、どこでも、個人の魂の不死という退屈な想像に行き着いたのである。まったく似た道をたどり、自然諸力の擬人化を通して成立したのが、最初の神々である。神々は諸宗教がさらに形成を遂げるなかで、ますます世界外的な形姿をとるようになった。そしてついには、精神的発展の進行につれて自然に生じる抽象作用という、ほとんど蒸留過程とさえ言いたいほどの過程を経て、多かれ少なかれ制限のある、たがいに制限しあっていた多数の神々から、一神教的諸宗教の唯一神の観念が人間の頭脳の中に成立したのである。

＊　今日でもなお、野蛮人や低次の未開人においては、次のような観念が一般的にみられる。すなわ

ち、夢に現れる人間の形姿は、一時的に身体を離れ去る魂なのであり、したがって現実の人間は、みずからの夢に現れた像が夢見る本人に対しておこなう行為に責任を負わされるのだ、という観念である。たとえば、イム・サーンは１８８４年に、ギアナのインディアンにそれを発見した。

思考と存在との、精神と自然との関係如何を問う問題、哲学全体の最高の問題は、それゆえあらゆる宗教に劣らず、未開状態の偏狭かつ無知の観念のうちに根元があるのである。とはいえ、それが十分に先鋭な形で設定され、その完全な意義を獲得しえたのは、ようやくヨーロッパ人がキリスト教的中世の長い冬眠から醒めたときであった。ただし、存在に対する思考の地位の問題は、中世のスコラ学においても大きな役割を演じており、根源的なものは何か、精神か、それとも自然かという問題として立てられ、この問題は先鋭化して、教会に対しては、神が世界を創造したのか、それとも世界は永遠の昔から存在しているのか、と提起されていた。

以上の問題についてどう回答したかにしたがって、哲学者たちは大きく2つの陣営に分かれた。自然に対して精神の根源性を主張し、それゆえに究極のところ、なんらかの種類の世界創造を受け入れた哲学者は――この創造説は、しばしば哲学者の場合、たとえばヘーゲルの場合には、キリスト教よりはるかに錯綜した、およそありえないものになっている――観念論の陣営を形成した。自然を根源的なものとみなした他方の哲学者たちは、唯物論のさまざまな学派に属する。

観念論と唯物論という2つの表現は、元来、これ以外の意味をもたず、本書でもこれ以外の意味には使われない。それに何かしら異なる意味を持ち込むとどれほどの混乱が生じるかは、下記において見ることにする。

思考と存在の関係如何を問う問題には、しかし、なおもう1つの側面がある。それは、われわれの周囲世界に関するわれわれの思想とこの世界そのものとはどのような関係にあるか、われわれの思考は現実世界を認識することができるのか、現実的世界の観念や概念においてわれわれは、現実の正しい映像をつくりだすことができるのか、という問題である。こうした問題は、哲学的用語では、思考と存在との同一性の問題と言われ、圧倒的多数の哲学者によって肯定されるものである。たとえばヘーゲルの場合に、それを肯定するのは自明のことである。というのは、われわれが現実世界において認識するものとは、〔ヘーゲルによれば〕まさに世界に存在する思考適合的な内容、つまり、世界を、永遠の昔から、世界から独立に、世界以前に、どこかに存在していたという絶対理念の段階的な実現として仕立てる内容だからである。とにかく、思考が、すでにもともとから思考内容である内容を認識できるというのは、明白である。同様に明白なのは、ここでは証明するべきことがすでに密かに前提に含まれているということである。だが、この事情に妨げられることなく、ヘーゲルは、思考と存在の同一性の証明にもとづいてさらに次の結論を引き出す。それはすなわち、ヘーゲルの哲学は思考にとって正しいがゆえにいまや唯一正しいものでもあり、思考と存在の同一性は、人類がただちに彼の哲学を理論から実践に移し、世界全体をヘーゲルの諸原則にしたがって改造するところにおいて実証されなければならない、というのである。だが、これは、ヘーゲルがすべての哲学者とほぼ共有する幻想である。

以上と並んで、なお世界の認識可能性、あるいは世界を余すところなく認識し尽くす可能性を否認する別系統の哲学者たちがいる。これらに属する近代の哲学者には、ヒュームやカントがおり、彼らは哲学の発展にきわめて重要な役割を演じた。[1] こうした見解への反駁に関して決定的な論点は、すでにヘーゲルによって、観念論的立場から可能なかぎりで、語られている。[2] フォイエルバッハがそれに唯物論的な要素を付け加えたが、それは、深みがあるというより才気に満ちたものである。[3] 他のあらゆる哲学的考案に対するのと同様に、これに対する最も的確な反駁は、実践、つまり実験と産業である。もし、ある自然事象に関するわれわれの見解の正しさを、その事象そのものをつくり、つまりその諸条件から産出し、さらにそれをわれわれの目的に役立てることによって証明することができるならば、これをもって、カントの不可知な「物自体」は終わりである。植物や動物の内部で生み出される化学的物質は、依然としてこのような「物自体」であったが、ついには有機化学がそれを次から次へとつくりだしはじめた。こうして「物自体」は、われわれにとっての物になった。たとえば、あかね草の色素であるアリザリンを、われわれはもはや、野良であかね草の根のうちに育てるのではなく、コールタールからはるかに安価に、かつ簡単に製造するのである。コペルニクスの言う太陽系学説は、300年間、一つの仮説であって、万が一にも争えないものであったが、それでもやはり仮説にとどまっていた。だが、ルヴェリエがこの太陽系学説によって与えられたデータから一つの未知の惑星（のちの海王星）が存在する必然性を示し、そればかりか、この惑星が天界に占めなければならない位置をも算出したとき、そしてガレがのちにこの惑星を現実に発見したとき、コペルニクスの太陽系学説は証明されたのである。にもかかわらず、ドイツではカントの見解の復活が新カント派によって、イギリスではヒュームの見解の復活が（ヒュームは同国で廃れたためしはない）不可知論者によって、企てられる。(4) それは、とうになされた理論的および実践的反駁に照らして、学問的には退歩であり、実践的には、唯物論をかげに隠れて受容しながら世間には否認するという恥ずかしがり屋のやることにすぎない。

（1）ヒュームは因果関係の必然性を否定し、それを習慣による観念連合によって基礎づけた。ヒュームによって「独断のまどろみ」を覚まされたというカントは、「物」が認識主観に現れるさいの現象と物自体とを区別した。物自体は、経験的対象ではなく、悟性によって想定される思想物という意味で「可想体」とも言われる。それは、現象の基体として想定されるものの、それ自体は経験に与えられない不可知のものとされる。

（2）ヘーゲルは『精神の現象学』第3章「力と悟性——現象界と超感覚的世界」において、カントの物自体（本質体）と現象との関連を「力とその発現」として論じ、両者が絶え間なく相互に転化しあうことを示した。なお、ヘーゲル『論理学』の本質論における「物と諸性質」にも物自体の批判が見られる。

（3）フォイエルバッハは『将来の哲学』第22節において、現象（感官の対象）と物自体（悟性の対象である本質）とを区別するカントを、次のように批判している。「本質をもたない現存在はたんなる現象であり（これが感性的事物である）、現存在をもたない本質はたんなる思想である（これが悟性的本質、可想体である）。後者は、思考されはするが、現存在——少なくともわれわれにとっての現存在——が、つまり客観性が欠けている。それは物自体、真の物であるが、ただしなんら現実的な物ではなく、したがってまた悟性にとっての物、言いかえれば悟性にとって認識され規定されうる物でもない。しかし真理を現実から、現実を真理から切り離すとは、なんという矛盾であろうか」。

（4）新カント派は、1870年代から現れる。ヘルマン・コーエン『カント倫理学の基礎づけ』（1877年）、ヴィンデルバント『プレルーディエン』（1884年）など。他に、ナトルプ、ニコライ・ハルトマン、リッケルトらがいるが、エンゲルスの執筆時にはまだ全容は現れていない。イギリスの復活した不可知論者とは、おそらく「不可知論」を造語したとされるトマス・ヘンリー・ハクスリーや実証主義者スペンサーらを指すものと思われる。いずれも1870年代以後はよく知られるようになった。

ところで、哲学者たちは、デカルトからヘーゲルまで、ホッブズからフォイエルバッハまでのこの長きにわたる時期に、彼らが信じるのとは異なり、純粋な思考の力にのみ駆り立てられてきたわけではけっしてない。反対である。彼らを真に駆り立てたものとは、とりわけ自然科学と産業の力強い、ますます加速する、進歩であった。唯物論者の場合には、このことはすでに歴然と示されている。他方、観念論的体系も、ますます唯物論的内容に満たされるようになり、精神と物質の対立を汎神論的に和解させようとしてきた。この結果、最終的にヘーゲル体系は、方法と内容とからして観念論的に逆立ちさせられた唯物論を表すにすぎないものとなったのである。

こうして、シュタルケがフォイエルバッハの特性を叙述するのに、さしあたり、思考と存在の関係如何というこの根本問題に対するフォイエルバッハの立場を研究するのは、よく理解できることである。簡潔な序論では、以前の哲学者たちの見解、とりわけカント以来の哲学者の見解が、不必要に哲学的重厚さをもつ言葉で記述され、そのさいにヘーゲルは、その著書における個々の箇所にシュタルケがあまりに形式的に拘泥した結果、割を食った扱いを受けている。序論に続いて、フォイエルバッハの「形而上学」そのものの発展行程が、この哲学者の関係諸著作の順にしたがって、詳しく叙述される。この叙述は、力を尽くしてかつ概括的になされているが、ただし、書物全体が、至るところで不可避とは思われない哲学的表現法によって重たくされ、しかも、それは、著者が同一の学派の表現法、あるいはフォイエルバッハ自身の表現法にもあまりこだわらず、むしろきわめて雑多な、とりわけ今日流行の、哲学と自称する学派の表現を混交するだけに、ますますわずらわしいものとなっている。

フォイエルバッハのたどった発展過程は、一人の——もちろんまったく正統派であったことはない——ヘーゲル主義者が唯物論に行き着く過程である。この発展は、一定の段階でその先行者〔ヘーゲル〕の観念論的体系と完全に断絶するに至った。逆らいがたい力に押されて、最後にフォイエルバッハは、次のような洞察に到達する。すなわち、ヘーゲルの「絶対理念」の先世界的存在、世界がいまだ存在せぬ段階での「論理学的カテゴリーの先存在」とは、世界外に存在する創造主に対する信仰の幻想的遺物にほかならないこと、またわれわれ自身が属している、感性的に知覚可能な物質的世界こそ、唯一現実的なものであり、われわれの意識と思考は、それがどんなに超感性的であるようにみえても、ある物質的身体的器官の、つまり脳髄の、産物であること、という洞察に到達するのである。物質は、精神の産物ではなく、かえって精神こそ、それ自体が物質の最高の産物にほかならない。これは当然、純粋な唯物論である。ここに至って、フォイエルバッハは立ちすくむ。彼は習い性となった哲学的偏見を、すなわち唯物論の事柄ではなく、唯物論という名前に対する偏見を、克服できないのである。彼はこう述べている。

「唯物論は私にとって、人間の本質および知という建物の基礎である。しかしそれは私にとっては、たとえばモレショットのような生理学者、狭い意味での自然研究者にとってあるもの、しかも必然的にかれらの立場と職業から出てくるもの、すなわち建物そのもの、ではない。私は、後方に向かっては唯物論者に完全に同意するが、前方に向かっては同意しない」(5)

(5) フォイエルバッハ「アフォリズム(遺稿)——理論哲学によせて」、カール・グリューン編『フ

ォイエルバッハ　往復書簡と遺稿集』（ライプツィヒ、一八七四年、以下、グリューン編『遺稿集』）第2巻、308ページ。［シュタルケ、166ページ。］なお、生理学者（Physiologe）を「狭い意味での自然研究者」と言うのは、もともとphysioが「自然」を表すからである。

ここでフォイエルバッハは、物質と精神の関係に関する一定の見解にもとづく一般的世界観である唯物論を、その特殊な形態と、すなわちこの世界観が一定の歴史的段階、つまり18世紀に表現されたときの特殊な形態と、混交している。それどころかフォイエルバッハは唯物論を、今日でも自然研究者や医師の頭脳の中に存続し、50年代にはビュヒナー、フォークト、モレショットらが巡回説教して回ったという、18世紀唯物論の皮相化され俗流化された形姿(6)と、混交している。だが、観念論が一連の発展段階をたどってきたように、唯物論もまた同じ経緯をたどる。すでに自然科学の領域においてすら画期的な発見がなされるたびに、唯物論はその形態を変更せざるをえなかった。歴史も唯物論的取扱いに従うようになって以来、ここでもまた発展の新しい軌道が開かれるのである。

（6）　1850年代にドイツに拡がった「俗流唯物論」のこと。「思考は脳髄の働きである」と、意識を生理現象に還元した生理学的唯物論。代表的文献としては、ルートヴィヒ・ビュヒナー『力と物質』（１８５５年）、ヴァルター・フォークト『妄信と科学』（１８５４年）、モレショット『物質の循環』（１８５２年）など。

前世紀〔18世紀〕の唯物論は、主として機械的であった。なぜなら、あらゆる自然諸科学のうち当時はただ力学だけが、しかも固体――天上であれ地上であれ――の力学、要するに重力の力学だけが、ある程度完成の域に達していたのだからである。化学はようやく幼年期の、フロギストン説という形姿にあったにすぎない。生物学はなお、ごく小児期にあり、植物と動物の組織はおおまかに研究されたにすぎず、まったく機械的な原因で説明された。デカルトにとっての動物と同じように、18世紀の唯物論者にとっては、人間は一つの機械であった。このように、化学的有機的性質をもつ諸事象にもっぱら力学の尺度を適用すれば、これらの事象にはなるほど力学的法則も成り立っているにせよ、高次の他の法則は背景に追いやられてしまうのであり、それが古典的なフランス唯物論特有の、とはいえその時代には避けがたい、制約となるのである。

この唯物論特有の第二の制約は、世界を一つの過程として、つまりたえず歴史的な形成過程にある物質として、とらえることができないという点にある。このことは、自然科学の当時の水準およびこれと連関した哲学思考の形而上学的、すなわち反弁証法的方法に照応するものであった。自然が永遠の運動過程にあることは、知られていた。だが、この運動は、当時の観念によれば、同じく永遠に円周を描く回転運動であり、したがってその場を動くことなく、いつでも同じ結果を生み出すものであった。この観念は、当時としては避けがたかった。太陽系の生成に関するカントの理論はやっと提出されたばかりであり、まだ単なる珍説としかみなされていなかった。(7) 地球の発展史である地質学は、いまだ一切が知られておらず、今日生存する自然生物は、単純なものから複雑化したものに至る一連の長い発展系列の結果であるという観念は、当時科学的にはそもそも提起することもできなかった。だから、自然の非歴史的な把握は避けがたいものであった。それがヘーゲルにも見いだされるだけに、18世紀の哲学者をそれゆえに非難することはますますできない。ヘーゲルの場合、自然は、理念のたんなる「外化」にすぎないものとして、時間においては発展ができず、空間における多様性の拡張が可能なだけであるから、内部にあるすべての発展諸段階を同時にかつ並存して展示し、つねに同じ過程を永遠に反復するように運命づけられているのである。空間の内部にありながら、時間——あらゆる発展の根本条件——の外部にある発展という、この不条理の想念を、ヘーゲルは自然に押しつけた。しかも、それはまさに、地質学、発生学、植物および動物の生理学と有機化学が形成された時期、至るところで、この新しい諸科学を基礎に、後の進化理論に対する天才的な予感が現れ出ていた（たとえばゲーテとラマルク）のと同じ時期なのである。だが、体系はそれを必要とした。だから方法は、体系のために、自己自身に不実にならざるをえなかった。

（7）カントは『天界の一般的自然史と理論』（1755年）において、太陽系が星雲状のガス塊の回転によって生じたとする星雲説を唱えた。のちにラプラスがこれを補い、カント・ラプラス星雲説として知られるようになった。

同じような非歴史的把握は、歴史の領域でも幅をきかせていた。ここでは、中世の残滓《ざんし》に対する闘争のゆえに、視野のとらわれが生じた。中世は、一千年にわたる全般的な野蛮によって歴史が単純に中断された時代とみなされたのである。中世の偉大な進歩——ヨーロッパ文化圏の拡大、この圏内に相並んで見られた、活力あふれる大きな諸国民の形成、最後に14－15世紀における技術の巨大な進歩——についてはー切これを見ない。だから、このことによって大きな歴史的連関を合理的に洞察することは不可能になり、歴史はせいぜい、哲学者たちの使用に供される諸事例と説明のコレクションにしかならなかった。

50年代ドイツにおいて唯物論で商売をした、俗流化の行商人たちは、彼らの教師たちにあった以上のような制限をけっして超え出ることはできなかった。それ以来なされた自然科学上のすべての進歩は、彼らにとって、世界創造主の存在を反駁する新しい証明根拠として役立ったにすぎない。じっさい、理論をさらに発展させるなど、彼らの商売にとってはまったくの埒外である。観念論は、まったく進退が窮まり、1848年の革命によって死に瀕していたが、それでも、唯物論が一時的に、さらにみすぼらしく落ちぶれていたのを見て、満足に浸っていた。フォイエルバッハがこうした唯物論に対する責任を拒否したのは、明らかに正しい。ただ、巡回説教師たちの教説を唯物論一般と混同してはならなかったただけである。

さて、ここで2つのことを指摘しよう。第一に、フォイエルバッハの存命中にも、自然科学はなお力強い発酵過程にあって、これが最近の15年になってようやくおさまり、相対的な決着を見せた、ということである。新しい認識材料が前代未聞の分量で提供されたが、矢継ぎ早になされる諸発見のこうしたカオスのうちに、連関を打ち立て、かくて秩序をつくりだすことは、まったく最近になってようやく可能になったのである。なるほどフォイエルバッハは、3つの決定的な発見――細胞の発見、エネルギー転換の法則とダーウィンにちなむ進化理論――すべてをじっさい知っていた。しかし当時、自然研究者でさえなお諸発見について互いに論争したり、十分には活用しきれずにいたという状況で、はたして田舎に生活する孤独な哲学者に、科学を十分に追いかけて、諸発見を十全に評価することができただろうか。[8] 責めがあるとすれば、それはひとえに、ドイツの惨めな状態にある。この惨めさゆえに、哲学の講座は、せんさく好きの、折衷的群小学者に独占され、他方、彼らすべてをはるかに凌駕していたフォイエルバッハは、小村に住んで田舎じみ、精彩を欠くことにならざるをえなかったのだ。だから、フランス唯物論にあるすべての一面性を除去したという、今日はじめて可能になった歴史的自然観に到達できなかったとしても、これはフォイエルバッハの責任ではない。

(8) フォイエルバッハは、正統派的キリスト教を批判した『死と不死性とについての考察』(1830年刊)により1832年大学を追われ、以後アンスバッハ近くの小村ブルックベルク(60年以降はレッヘンブルク)に引きこもった。

第二に、フォイエルバッハが、たんなる自然科学的唯物論はなるほど「人間の知の建物の基礎ではあっても、建物そのものではない」と言うのは、まったく正しい。というのは、われわれは自然の中だけでなく、人間社会の中でも生きているからである。そして人間社会にもまた自然に劣らず、それなりの発展史と科学がある。だから問題は、社会の科学を、すなわちいわゆる歴史的哲学的諸科学の総体を、唯物論的基礎と合致させて、この基礎の上に再建すること、であった。だが、これはフォイエルバッハには叶わぬことであった。この分野では、その「基礎」にもかかわらず、伝来の観念論に拘束されたままであり、このことをフォイエルバッハは、次の言葉で認めるのである。

「私は、後方に向かっては唯物論者に同意するが、前方に向かっては同意しない」。

だが、この社会の領域で「前方に向かって」行かなかった者、その1840年ないし1844年の立場(9)を超え出て行かなかった者こそ、フォイエルバッハ自身なのである。しかも、これまた主要には彼が隠遁していたためであり、隠遁のせいで、フォイエルバッハは――他のすべての哲学者にもまして社交に向いた素質をもちながら――、孤独な頭脳から思想を生産することを余儀なくされ、いずれ劣らぬ他の人間との友好的な出会いや敵対的な出会いの中で思想を生産することができなかった。この領域において彼がいかに観念論者のままであったかは、のちに個々に見ることにしよう。

（9）「1840年ないし1844年の立場」とは、フォイエルバッハの著作『キリスト教の本質』（初版1841年、第2版1843年）、『哲学改革のための暫定的テーゼ』（1842年）、『哲学改革の必要性』（1842年）、『将来の哲学の諸原則』（1843年）、『ルターの意味における信仰の本質』（1844年）などに示される、唯物論にもとづく「現実的人間主義」の立場をいう。

ここではただ、シュタルケがフォイエルバッハの観念論を不当な場所に求めていることだけを述べておこう。

「フォイエルバッハは観念論者である。彼は人類の進歩を信じている」（シュタルケ、19ページ）

「全体の基礎、下部構造は、それにもかかわらず、あくまで観念論である。実在論は、われわれにとっては、観念的な流れを追求するさいに道を誤らぬよう防ぐための守りにほかならない。同情や愛、真理と法に対する熱意は、観念的な威力ではないのか？」（同、Ⅷページ）

第一に、ここで言われる観念論とは、観念的な目標を追求することにほかならない。こうした観念的目標がどうしても関わり合うというのは、せいぜいのところカントの観念論と「定言命法」[10]であろう。だが、そのカントすらみずからの哲学を「先験的観念論」と名づけた理由は、哲学における問題が倫理的理想にもあるということではけっしてなく、まったく別の根拠にもとづくものであった。[11]このことはシュタルケも思い起こすであろう。哲学的観念論は倫理的、すなわち社会的理想に対する信念を中心問題としているという迷信は、哲学の外部で、つまり、シラーの詩の中に必要な哲学的教養の断片を暗記していたドイツの俗物たちのあいだで、生じた。カントの無力な「定言命法」――無力な、というのは、カントがおよそありえないことを要請し、したがってけっして現実的なものに至ったためしはないからである——を誰よりも鋭く批判し、シラーが媒介となって生じた俗物の熱狂を実現不能な理想として、誰よりも冷徹に軽蔑した者こそは、まさに完全な観念論者、ヘーゲルなのであった（たとえば『現象学』を参照[12]）。

(10)「定言命法」とは、「君の意志の格律〔行為原則〕が、つねに同時に普遍的立法の原理として妥当しうるように行為せよ」という道徳律を意味する。カントは、「もし…ならば〜せよ」という条件つきの命法を「仮言命法」と呼び、本質的にこの仮言命法に基づく従来の幸福主義的道徳説を批判した。それは、第一に幸福の内容が曖昧であるからであり、第二には何か実質的な内容を意志の外部に設定するがゆえに他律（他者への依存）を生むからである。このような実質的内容による意志規定に反対して、カント自身は「形式による意志規定」を立て、「普遍的立法の原理として妥当する」という、つまり「万人が…すべし」という共同性を担いうるかどうかを基準として、各個人の意志を規定するよう求めた。これによって立てられるのが「定言命法」である。

(11) カントは、普遍的な法則認識（たとえばニュートンの万有引力の法則）が成立していることを前提して、それが感性的経験を通していかに成立するのかを問うた。感性的経験を通して帰納法的に法則認識を導いても普遍的妥当性は獲得されない。このことゆえにカントは、普遍的法則認識を成立させる条件を、認識主観の意識──「統覚（Apperzeption）」という──の側に求めた。この認識主観の条件は、経験に先立つものであり、これが問題となる場面を「先験的（transzendental）」と名づけ、直観の形式（時間と空間）と悟性のカテゴリー（量／質／関係／様相）を法則認識の主観的条件として演繹した。カントがみずからの哲学を「先験的観念論」と名づけた理由は、ここにある。

(12) ヘーゲルは『精神の現象学』第6章「精神」Cの「自己を確信している精神、道徳性」において、カントの道徳的要請論を、「無思想な諸矛盾の巣窟」と批判している。また「道徳性」の最高の立場を表す「良心」について、それが自己と世界との統一を確信する精神として、自己の純粋さを喜ぶ「美しい魂」となるが、同時に行為と生活によって汚されはしないかと不安を抱き、現実性を欠いてしまうのであり、この矛盾ゆえに「美しい魂」は錯乱に陥り、憧れのうちに消耗していくと、ヘーゲルは論じた。「美しい魂」は、シラーがカント研究をとおして『優美と尊厳について』（1793年）で提出した概念。

しかし第二に、何はともあれ、次のことは不可避である。すなわち、人間を動かすものは一切、その頭脳を通過しなければならない、ということである──このことは食べること、飲むことでさえもそうであって、頭脳を介して感じられた空腹や渇きの結果から始まり、同様に頭脳を介して感じられた満足感によって終了する。外的世界が人間に及ぼす諸作用は、人間の頭脳の内に表現され、ここで感情や思想、衝動、意志規定として、要するに「観念的な流れ」として反映され、こうした形姿をとって「観念的な威力」になる。ところで、この人間が一般に「観念的な流れに従う」こと、「観念的な威力」がみずからに与える影響を認めること――こういう事情ゆえに人間が観念論者になるというなら、ある程度正常な発達を遂げた人間なら誰しも生まれつきの観念論者であって、この場合、どうしてそもそもなお唯物論者が存在することなどありえようか。

第三に、人類が、少なくとも目下のところ、全体として進歩の方向に動いているという確信は、断じて、唯物論と観念論との対立と関わりがない。フランスの唯物論者のもつこの確信は、ほとんど狂信的とも言うべきものであり、理神論者のヴォルテールやルソーのそれに劣らず、しばしば身命を賭す最大の犠牲を払うこともあった。[13] 誰か「真理と法に対する熱意」――よい意味でこの言葉を解するとして――に、人生のすべてを捧げた者がいるとすれば、たとえばディドロ[14]がそうであった。だから、シュタルケがこれら一切を観念論と説明するならば、これによって示されるのはただ、唯物論という言葉と、2つの学派〔唯物論と観念論〕の全対立は、彼にとってここであらゆる意味を失った、ということだけである。

(13) フランスの唯物論者とは、ここでは、ディドロ、ドルバック、ラ・メトリ、エルヴェシウスらを指す。ディドロは『盲人書簡』出版(1749年)により投獄されたことがあり、ドルバックもまた『自然の体系』(1770年)出版後に弾圧を受け、エルヴェシウスの『精神論』(1758年刊)も発行直後に発禁処分を受けた。

(14) ディドロ(1713-1784)は長年にわたり『百科全書』(1751-1772年)の編集に携わり、出版弾圧にもかかわらず、これを完結させた。それだけでなく、『百科全書』の執筆項目以外にも、『哲学断想』(1746年)、『ダランベールの夢』(1769年)、『ブーガンヴィル航海記補遺』(1775年執筆)など、多くの著作を残した。

実を言えば、シュタルケはここで、長年にわたる僧侶たちの誹謗から受け継がれてきた、唯物論という名前に対する俗物の偏見に、許されない譲歩を——おそらくは無意識的であるにせよ——おこなったのである。俗物の解する唯物論とは、むさぼり喰うこと、飲んだくれること、観賞の愉悦、肉欲、傲岸不遜、金銭欲、貪婪《どんらん》、所有欲、利殖と株式取引詐欺、要するに俗物自身もひそかにふけっているすべての下劣な悪徳のことである。これに対して俗物の言う観念論とは、徳と普遍的な人間愛に対する信条、一般には「より良き世界」に対する信条である。しかし、この信条を他人の前ではひけらかしながらも、俗物自身がそれを信じるのは、せいぜい、平生の「唯物論的」な放縦に必然的に続く二日酔いや破産などの目に遭い、苦しんでいるときにかぎるのであり、だから、こうお気に入りの歌をうたうのだ。「人間とは何か――半ばは獣、半ばは天使」と。

ついでながら、シュタルケはフォイエルバッハを、今日ドイツで哲学者と称して幅をきかせている大学教師たちの攻撃と教説から擁護するために、苦心惨憺している。ドイツ古典哲学のこうした後産に関心のある人びとには、たしかにそれは重要であろうし、シュタルケ自身にもこれが必要であると思えたのであろう。われわれはこのことで読者をわずらわさない。

3

フォイエルバッハの本当の観念論は、宗教哲学と倫理学のところまで来ると、ただちに顕わになる。彼はけっして宗教を廃止しようとはしていない。それを完成させたいと思っている。哲学そのものは宗教に帰着するとされるのだ。

「人類の諸時代は、ただ宗教上の変化によってのみ区別される。歴史上の運動は、人間の心意を理解するときにのみ、根本にまで達するのである。心意は、宗教の一形式ではなく、したがって宗教は心意にもあるはずだというようなものではない。それは宗教の本質である。」（シュタルケ、168ページ、から引用）(1)

（1） フォイエルバッハ「哲学の諸原則　変革の必要性（1842—43年）」、グリューン編『遺稿集』第1巻、407ページ。なお、「心意」と訳したHerzは、愛や友情などの感情を表現する。フォイエルバッハは基本的に、私的欲求などを表すGemüt（心情）とHerzとを区別している。この区別を示すために、Herzをあえて「心意」と訳すことにする。

宗教は、フォイエルバッハによれば、人と人とのあいだの感情の関係、心意の関係である。この関係は、これまで現実の幻想的映像において——1つの神あるいは多数の神という、人間的諸性質をもつ幻想的映像に媒介されて——その真理を探し求めてきたが、いまやそれは、私と君とのあいだの愛のうちにじかに、媒介なしに見いだされる。だから結局は、フォイエルバッハの場合、性愛が、彼の新しい宗教を執り行う、最高の形態そのものではないとしても、最高の形態の1つにはなるのである。

さて、人と人のあいだの、とりわけまた両性のあいだの、感情の関係は、人間が存在するかぎり存続してきた。とくに性愛は、過去800年のあいだに修養を積み上げ、この期間に、あらゆる文芸につきものの要となる地位を獲得するに至った。現存する既成諸宗教は、もっぱら、性愛の国家的規制、すなわち婚姻法に高次の神聖性を与えることに尽くしてきただけなのであり、明日にもそっくり消滅しかねない。と言って、消滅したところで愛と友情の実践にはいささかの変更もないであろう。果たして、キリスト教はフランスにおいて１７９３年から１７９８年まで事実上消失したのも同然の状況になり、ナポレオンといえども、抵抗と困難に遭わずにキリスト教をふたたび導入することはできなかったほどである。(2) ところが、この間、フォイエルバッハ的な意味での補完物を求める欲求は現れなかった。

(2) １７９３年には、ルイ16世が処刑されて、ジャコバン派の恐怖政治が始まり、キリスト教は弾圧された。ロベスピエールはエベール派などを粛清し、94年6月「最高存在の祭典」を挙行したが、テルミドールのクーデタ（同年7月）によって失脚。こののち、ナポレオンは、１７９９年にブリュメールのクーデタにより執政となったとはいえ、カトリックと和解するに至るには、１８０１年にピウス7世とのあいだで結んだコンコルダート（政教協約）まで待たなければならなかった。

観念論は、フォイエルバッハの場合、以下の点にある。すなわち交互の好みにもとづく人間の相互関係、性愛、友情、共感、献身等々を、単純に、彼にとっても過去に属する特別な宗教など追憶することなしに、それ自身にもとづいて存在するものとして認めるのではなく、それらに宗教という名前を付けて高次の神聖化を与えてはじめて、それぞれが真の価値を発揮すると主張するところである。フォイエルバッハにとって肝要なのは、こうした純粋な人間的関連が存在していることではなく、それらが新しい真の宗教ととらえられることである。それらは、宗教的であるという刻印がなされてはじめて、十全なものになると言うのである。宗教という言葉は、ラテン語の「レリガーレ（religare）」に由来したものであり、元来が「結合」を意味する。だから二人の人間のいかなる結合も、一つの宗教なのである。こうした語源学的手品が、観念論的哲学の最後の逃げ場となっている。この語が、じっさいに使用されてきた歴史的展開にしたがって何を意味するかではなく、語源からして何を意味することになるか、それが価値をもつとされる。こうして、性愛と性的結合が一つの「宗教」に祭り上げられる。それは、観念論の追憶にとってかけがえのない宗教という言葉が、ともかくも言語から消失しないようにするためにほかならない。まさに同じことを、40年代にパリのルイ・ブラン派改良主義者たちも語った[3]。彼らもまた同様に、宗教なしの人間など怪物としか考えられなかったがために、われわれにこう言ったものである。「ならば、無神論こそ君たちの宗教なのだ」と。もしフォイエルバッハが、真の宗教を、本質的に唯物論的な自然観を基礎にして築き上げようと欲しているとすれば、それが意味するのは、現代の化学を真の錬金術ととらえるのと同じことである。宗教がその神なしに存続できるとすれば、錬金術もその賢者の石なしに存続できるだろう。ついでながら、錬金術と宗教にはきわめて密接な結びつきが存在する。賢者の石は神に似た多くの性質をもち、紀元1、2世紀にいたエジプトおよびギリシアの錬金術者たちは、キリスト教教義の形成に、ひそかに関与していた。このことは、コップとベルトロにより与えられたデータが証明するとおりである。[4]

（3） ルイ・ブランは『労働の組織』（1839年刊）において労働への権利、賃金の平等化などの改良主義を唱え、1848年革命時には、「国立作業所」の設立を提起した。

（4） ヘルマン・コップ『化学の歴史』（全4巻、1843−47年）、ベルトロ『錬金術の起源』（1885年）。

決定的に誤っているのは、「人類の諸時代は、ただ宗教上の変化によってのみ区別される」というフォイエルバッハの主張である。偉大な歴史上の転換期が宗教上の変化を随伴していたのは、これまで存続してきた仏教、キリスト教、イスラームの3つの世界宗教が問題となってくるときに限られる。自然生的に成立した古い部族宗教や民族宗教は、布教的なものではなく、諸部族や諸民族の自立性が破壊されるや、あらゆる抵抗力を喪失した。ゲルマン諸民族の場合には、衰退するローマの世界帝国との単純な接触でも、そしてこの帝国に受け入れられたばかりの、その帝国の経済的精神的な状態に相応した、キリスト教という世界宗教との単純な接触でも、〔宗教が衰退するのに〕十分であった。多少とも人為的に成立したこれらの世界宗教、とりわけキリスト教とイスラームの場合にはじめて、より全般的な歴史的運動が宗教的刻印を帯びることが知られる。しかも、キリスト教の領域でさえ、現実に普遍的意義をもつ諸革命に対してこの宗教的刻印がなされるのは、ブルジョアジーの解放闘争の初期段階、13世紀から17世紀のあいだに限られるのであり、そしてそれは、フォイエルバッハが考えるのとは異なり、人間の心意から、その宗教的欲求からではなく、要するに宗教と神学以外のイデオロギー形態は知られていなかった中世という前史全体から、説明されるのである。だが18世紀には、ブルジョアジーは十分に強大になって、それ自身の、階級的立場に適合的なイデオロギー[5]をもつようになると、その偉大な究極の革命、フランス革命を、もっぱら法的政治的な理念に訴えて、遂行した。宗教に口出ししたのは、それが革命の邪魔になったときだけである。だが、革命は、古い宗教に代えて新しい宗教を打ち立てようなどと思いもしなかった。ロベスピエールがこれで見事に挫折したことは周知のとおりである。

（5）　イデオロギーについては、本書第4章で立ち入って論じられるが、ここであらかじめ説明をしておく。まずイデオロギーは、宗教、哲学、道徳、政治と法律などの観念形態を言う。なぜこれらが「イデオロギー」と言われるのか。それは、宗教、哲学などは、思考を自立化させて「独立に発展し、ただみずからの固有の法則にしか服することのない、自立的実体のあるもの」（第4章）とし、現実を形成する根拠に仕立て上げるものだからである。マルクスやエンゲルスによれば、イデオロギーは経済的構造を土台として成立する観念表現にすぎない。たとえば、哲学の理念である「自由」は、政治的理念の「自由」と本質的に異なるものではなく、市民社会の私的所有を基礎にしている、等々。イデオロギーは一般に、階級意識と同一化されたり、虚偽意識とイコールにとらえられたりするが、これらの理解は必ずしも正確ではない。

他の人びとの交わりにおいて純粋に人間的な感情をもてるかどうか。この可能性は、今日、われわれが階級対立と階級支配にもとづく社会での生活を余儀なくされているかぎり、この社会によってすでに十分に損なわれている。この感情を宗教にまで祭り上げて、われわれ自身がみずからこれ以上に可能性を損なうべき根拠はどこにもない。同様に、歴史上の大きな階級闘争に関する理解は、世間一般の歴史記述によって、とりわけドイツにおいては、すでに十分に曖昧化されている。この闘争史を教会史のたんなる付録に変質させて、その理解を完全に不可能にする必要もないであろう。すでにここで示されるとおり、今日われわれはフォイエルバッハからはるかに遠ざかってしまった。この新しい愛の宗教を祝うための彼の「最も美しい章句」は、今日もはや読むに堪えない。

フォイエルバッハが真剣に研究している唯一の宗教は、キリスト教、すなわち一神教に基礎をおく西欧の世界宗教である。フォイエルバッハは、キリスト教の神が人間の幻想的反映、映像にすぎないということを証明する。だが、この神そのものが長期にわたる抽象過程の産物であり、つまりそれ以前の多数の部族神、民族神を集約して示す精髄である。そしてこれに照応して、みずからの模像としてかの神をもつ人間もまた、一個の現実的な人間ではなく、同様に多数の現実的人間の精髄であり、抽象的人間、それゆえそれ自身もまた思考の一つの像なのである。どのページを見ても感性を説き、具体的なものへの、現実への沈潜を説く同じフォイエルバッハが、たんなる性愛的交わり以上の人と人の交わりを語る段になると、徹頭徹尾抽象的になってしまうのである。

この交わりにフォイエルバッハが見るのは、ただ1つの側面である。それが道徳である。そしてここでもふたたび目を見張らされるのは、ヘーゲルに比してのフォイエルバッハの驚くべき貧困さである。ヘーゲルの倫理学、すなわち人倫の学説は、法の哲学であり、ここには、[1]抽象的法、[2]道徳性、[3]人倫が包括され、この人倫にさらに、家族、市民社会、国家が総括されている。だから形式は観念論的であっても、この哲学の内容は実在論的である。ここには、法と経済と政治の全領域が道徳と並んで含まれている。フォイエルバッハの場合は、まさしく逆である。形式から言えば実在論的であり、人間から出発するのだが、この人間の生活する世界は絶対に問題とならない。だからこの人間はつねに、宗教哲学によく現れていたのと同じ抽象的人間である。この人間はまさに母親の胎内から産まれたのではなく、一神教の神から転成したものである。したがってまた、歴史的に成立し歴史的に規定された現実の世界には生きていないのである。なるほど他の人間との交わりはあるが、他の人間もまた、最初の人間そのものと同様に抽象的である。宗教哲学ではそれでもなお、男と女が現れていたが、倫理学ではこの最終的な区別も消失する。むろんフォイエルバッハでは、きわめて散発的に、次のような命題も見られる。

「宮殿にあっては、あばら屋にいるのとは異なる思考をする」(6)

「飢えたとき、すなわち貧困のために体になにも入れていないときには、頭脳にも、感官や心意にも道徳になる材料はなにもない」(7)

「政治がわれわれの宗教にならなければならない」(8)等々。

(6)フォイエルバッハ『身体と霊魂、肉体と精神の二元論に対する反論』(1846年)第12パラグラフ。[シュタルケ、119ページ。]

(7)フォイエルバッハ「必要は一切の法則を支配し廃棄する」、グリューン編『遺稿集』第2巻、285—286ページ。[シュタルケ、254ページ。]

(8)フォイエルバッハ「哲学の諸原則　変革の必要性(1842—43年)」、グリューン編『遺稿集』第1巻、409ページ。[シュタルケ、280ページ。]

だが、こうした命題をどうするべきか、フォイエルバッハにはまったくわからない。それらはあくまで純然たる空文句であって、だからシュタルケすら、こう告白せざるをえないのだ。政治はフォイエルバッハにとって超えがたい限界であり、「社会理論、社会学は彼にとっては未知の大地(terra incognita)である」[9]、と。

(9)シュタルケ、280ページ。エンゲルスはこの箇所の典拠を示していない。直前のフォイエルバッハからの引用も同様であり、シュタルケの著作そのものに依拠したものであることが推測される。

同じように、善と悪の対立を論じるさいにも、ヘーゲルに比べてフォイエルバッハは浅薄であるように思われる。ヘーゲルは言う。

「人間は生まれつき善であると言えば、人はなにか非常に偉大なことを言ったと信じる。だが人は、人間は生まれつき悪であるという言葉のほうがはるかに偉大なことを言っているのだ、ということを忘れている。[10]」

(10) ヘーゲル『法哲学』第18節補遺に、「人間は本性上、悪であるとするキリスト教の教えは、人間を本性上、善であるとみなす他の教説より、高いところに立っている」とある。また、『宗教哲学』第3部II章ー3「人間の規定」にも、「人間は本性上善である」という命題と「人間は本性上悪である」という命題が対立させられ、後者を「いっそう高次の立場」ととらえる叙述がある。ただし、エンゲルスの引用そのものは見いだされない。

ヘーゲルの場合、悪とは、歴史的発展の推進力が現れるさいの形式である。しかもここには2つの意味がある。一方では新しい進歩はどれも必然的に、神聖なるものに対する冒瀆として、死に絶えそうになりながら、それでも習慣によって神聖化されている古い状態に対する反逆として、現れるという意味であり、他方では階級対立の出現以来、まさに人間の邪悪な情熱、つまり所有欲や支配欲が、歴史的発展の槓杆《こうかん》になっているという意味であり、これは、たとえば封建制とブルジョアジーの歴史が、長期にわたる無比の証明を与えているとおりである。だが、道徳的な悪のもつ歴史的役割を研究するなど、フォイエルバッハには思いもよらない。歴史は彼にとっては一般に、居心地の悪い、不気味な分野なのである。彼には次のような言明もある。

「太古に自然から発生した人間はまた、あくまで純粋な自然的存在でしかなく、人間ではない。人間は、人間、文化、歴史の産物なのである」[11]。

だが、この言明すら、彼にあっては何かに結実することはまったくなかった。

(11) フォイエルバッハ『私の哲学的発展行程の特性づけのための諸断片』(1846年)に収められた「1843—44年『哲学の諸原則』」断片にある。「太古に」は、フォイエルバッハの原文では「直接に」となっている。〔シュタルケ、114ページ。〕

フォイエルバッハが道徳について語る内容は、こうしてきわめて貧弱なものでしかありえない。〔彼によれば〕幸福衝動は、人間にとって生まれつきのものであり、したがってあらゆる道徳の基礎でなければならない。だが、幸福衝動も二重の修正をこうむる。第一は、われわれの行為の自然的結果によって。つまり飲み過ぎの結果は二日酔いとなり、常習の不摂生の結果は病気になる。第二は、行為の社会的結果によって。他人の同じ幸福衝動を尊重しなければ、他人もまたわれわれ自身の幸福衝動に刃向かい、妨げとなるであろう。ここから導かれる結論は、こうである。われわれの衝動を充足させるためには、われわれはみずからの行為の結果を正しく評価できなければならず、他方では他人に相応の衝動の同権化を認めるのでなければならない、ということである。われわれ自身に関しては合理的な自己規制を、他人との交わりでは愛――相も変わらず、愛！　なのだ――を。これがフォイエルバッハの道徳の根本規則であり、ここから他のすべての規則は派生する。フォイエルバッハの才気に満ちた論述も、シュタルケのこの上なく力強い賞賛も、以上の一対の命題がもつ貧弱さと平凡さを覆い隠すことはできない。

幸福衝動は、人間が自己自身に関わるだけでは、きわめて例外的にしか充足されず、みずからにも他の人びとにも利益をもたらすことはない。かえって幸福衝動は、外的世界との関わりを、充足の手段を、つまり食料、異性の個人、書物、娯楽、討論、活動、利用し加工する対象を、必要とするのである。フォイエルバッハの道徳は、これらの充足手段・対象がどの人間にも問題なく与えられていることを前提するものであるか、さもなければ、どの人間にも適用不能なありがたい教えを与えるだけで、したがって手段を欠いた者にはまったく無価値なものか、いずれかである。このことを、フォイエルバッハ自身は言葉少なく、次のように説明している。

「宮殿にあっては、あばら屋にいるのとは異なる思考をする」

「飢えたとき、すなわち貧困のために体になにも入れていないときには、頭脳にも、感官や心意にも道徳になる材料はなにもない」

事情は、他の人間のもつ幸福衝動に同等な権利を与えることに関して、いささかでもましであろうか。フォイエルバッハはこの要請を絶対的に、つまりすべての時代と事情において妥当するものとして、立てている。だが、それはいつから妥当しているのだろうか。古代の奴隷と主人とのあいだで、中世の農奴と領主とのあいだで、かつて幸福衝動の同権化は問題になったか。被抑圧階級のもつ幸福衝動は容赦なく、「法によって」、支配階級のもつ幸福衝動の犠牲に供されてきたのではないか。――そのとおり。かつては非道徳的でもあった。ただし、今日では幸福衝動の同権化は承認されているではないか〔と言われよう〕。――だが、この承認は言葉の上でのことであり、ブルジョアジーが封建制に対する闘争のなかで、また資本主義的生産の形成のなかで、あらゆる身分制的な、すなわち人身的な特権を廃止し、まずは私法上の、続いて次第に国法上、司法上の、各人格の同権化をも取り入れることを余儀なくされて以来、そのかぎりにおいてのことである。だが、幸福衝動を充たす場合に、観念的権利によるのはごくわずかな部分だけであって、最大部分は物質的手段による。ところが、ここで資本主義的生産が配慮するのは、同権を認められた大多数の個人に、ぎりぎりの生活に必要なものだけが与えられるようにする、ということである。だから多数の幸福衝動の同権化は、仮に資本主義的生産がそれを尊重するとしても、ほとんど、奴隷制や農奴制が認める以上のものではない。では、幸福のための精神的手段、教養の手段に関して事情はもっとよいのか。「サドワの学校教師」[12]すら神話的人物ではないだろうか。

(12) 1866年の普墺戦争では、プロイセンは「サドワ（ケーニヒスグレーツ）の戦い」でオーストリア軍を撃破して劇的な勝利を収め、翌年には、プロイセン主導で北ドイツ連邦を成立させる。ここから、この勝利の要因はプロテスタントの教育制度にある、との論調が生まれた。「サドワの学校教師」とはその象徴的表現である。

それればかりではない。フォイエルバッハの道徳理論によれば、株式取引所こそ、倫理の最高の殿堂である——つねに正しくシュペクリーレンする[13]ことさえ前提すれば、のことだが。もし私が幸福衝動にもとづいて取引所におもむき、ここで私の行為の結果を正しく考量したために、好ましい結果ばかりで損失をもたらさない、すなわち、私がつねに利得するというならば、フォイエルバッハの規則は満たされていることになる。なにしろ、これによって私は他人の同等の幸福衝動に介入していない。というのは、他人もまた自由意志にもとづいて私と同じように取引所に出かけ、私との投機取引の締約にあたっても、幸福衝動にしたがったのであり、事情は私が私の幸福衝動に従うのと同様だからである。さらに、たとえ他人が金を失うことがあるとしても、まさしくそれによって証明されるのは、その行為が、予測の悪さゆえに、非倫理的であったということである。私はこの他人に然るべき罰を与えることによって、現代のラダマンチェス[14]として、誇らしげに反っくり返ることもできる。愛もまた、それがたんにセンチメンタルな文句でないかぎり、取引所を支配している。というのは、だれもが他人のうちに、おのれの幸福衝動の充足を見いだすからであり、これこそ、愛が果たすとされるもの、愛が実践的に確証される対象だからである。そして、私が取引所で取引操作の結果を正しく予見し、それゆえ首尾よく成果を上げるなら、私はフォイエルバッハの道徳の最も厳格な要請をすべて満たし、その上に金持ちになるのである。換言すれば、フォイエルバッハの道徳は、たとえ彼自身はそれを欲せず、また予期することもないにせよ、今日の資本主義社会に適合しているのである。

(13) ドイツ語の「シュペクリーレン (spekulieren)」には、「思弁/思索する」という意味と「投機する」という意味とがある。フィヒテ、シェリング、ヘーゲルらの哲学がとくに「思弁哲学」と言われる。たとえば意志には、限定された具体的個別的あり方とそれらを統括する非限定的な意志のあり方とがあるように、一つの事柄には必ず対立的（否定的）側面が存在する。この対立を統合的（肯定的）に把握する思考の作用を、ヘーゲルはとくに「思弁」と名づけている。なお、名詞形の「シュペクラツィオーン」（144ページ）も2つの意味をもつ。

(14) ラダマンチェスは、ギリシア神話において、主神ゼウスがフェニキア王アゲーノールの娘エウロペを誘惑してできた2人目の子とされる。1人目はミノス。生前の公正さゆえに、死後は兄ミノスとともに冥界の裁判官に任じられたとされる。

それにしても、愛とは！——まさしく愛は、至るところにいつも現れ、フォイエルバッハの場合、実践的生活のすべての困難を耐え抜く力になるとされる、魔法の神である——それも、正反対の利害をもつ諸階級に分裂している社会における愛、である。こうして、この哲学から革命的性格の最後の名残りも消え失せる。残るはただ同じ言葉の繰り返し、汝らたがいに愛せよ、性と身分の別なくたがいに抱擁せよ、である。——つまり、万人の宥和の夢想なのだ。

要約しよう。フォイエルバッハの道徳理論は、先行者のすべての理論と同じである。それはすべての時代、すべての民族、すべての状態に適合し、まさにそれゆえに、いつ、どこでも適用不能であり、現実世界に対しては、カントの定言命法と同じくあくまで無力である。現実には、どの階級も、いやどの種類の職業でも、それぞれ固有の道徳をもち、罰せられなければそれを破りもするのであって、万人を1つにするとされる愛は、戦争や紛争、訴訟、家庭内不和、離婚、そして一階級の他の階級による可能な限りの搾取のうちに、現れ出るのである。

では、フォイエルバッハの与えた強力な衝撃が彼自身にはなにも結実せずに終わった、というのは、どうして起こりうるのか。それは単純に、フォイエルバッハがみずからは死ぬほど忌み嫌った抽象の国から出て、生きた現実に行き着く道を見いだせなかったことによるのである。フォイエルバッハは、自然と人間に、いやがおうでもしがみつく。しかし、自然も人間も、彼の場合にはあくまで単なる言葉に終わっている。現実の自然についても、現実の人間についても、何か特定の内容を語ることはできていないのである。フォイエルバッハ的な抽象的人間から現実の生きた人間に至るには、ともかく、人間を歴史において行為しているままに考察しさえすればよい。ところがフォイエルバッハはこれに抗った。だから、1848年は、彼の把握するところとならず、彼にとっては現実世界との最終的な決別、孤独な生活への引きこもりを意味するだけであった。[15] この責めは、これまた主としてドイツの諸事情にあり、これこそ彼を惨めに貶めた要因である。

(15) 1848年革命時に、フォイエルバッハは、フランクフルト国民議会議員の推薦を断りながらも、ハイデルベルク大学で「宗教の本質」に関する講演に応じるなど、一定の関与をおこなった。しかし、革命の敗北後はふたたび田舎に引きこもり、著述などで暮らした。

だが、フォイエルバッハが踏み出すことのなかった歩みは、それでも踏み出されなければならなかった。フォイエルバッハの新しい宗教の核心をなす抽象的人間の崇拝は、現実的人間とその歴史的発展に関する科学に置きかえられなければならなかった。こうしてフォイエルバッハの立場を、フォイエルバッハを超えて発展させる作業は、1845年にマルクスによって『聖家族』の中で開始されたのである。

4

シュトラウス、バウアー、シュティルナー、フォイエルバッハらは、哲学的基盤を離れなかったかぎりで、ヘーゲル哲学の末裔であった。シュトラウスは、『イエスの生涯』および『キリスト教教義学』の刊行ののちは、哲学および教会史に関するルナン風の美文を物したにすぎない。バウアーは、キリスト教成立史の領域でなにがしかの仕事をしただけだが、この分野では重要な業績を上げた。(1) シュティルナーはいつまでも変わり者であった。このことは、バクーニンが彼とプルードンを融合させ、この融合に「アナーキズム」と命名した後ですら、変わらない。フォイエルバッハだけが哲学者として重要であった。だが、哲学という、すべての特殊諸科学を俯瞰し、それを総括すると称する学問の学問が、フォイエルバッハにとって踏み越えることのできない制限、抗しがたい神聖なものであっただけではない。彼は哲学者としてあくまで中途半端であって、下半身は唯物論者、上半身は観念論者であった。彼はヘーゲルを批判的に片づけたわけではなかった。使いものにならないと単純に脇に放り投げただけであった。他方フォイエルバッハ自身は、ヘーゲル体系の百科全書的な豊かさに比して、大仰な愛の宗教と貧弱な無力の道徳以外に積極的なものを生み出さなかった。

（1） エンゲルスのバウアー評価については、論文「ブルーノ・バウアーと原始キリスト教」（1882年）を参照。

しかし、ヘーゲル学派の解体からなおもう1つの方向が現れた。これこそ、現実に成果を上げた唯一の方向であって、この方向は本質的にマルクスの名前と結びついている。*

* ここで私の個人的な釈明を許されたい。最近この理論に対する私の関与が取り沙汰されることが多く、私としては、ここで若干のことを述べ、この点に結末をつけておかないわけにはいかない。マルクスとの40年におよぶ協働の以前およびその期間に、理論の基礎づけ、とりわけ理論の形成に対して、私がなんらかの自立的な関与を為したことを、私自身否認することができない。しかし、中心となる根本思想の大部分、とりわけ経済的および歴史的領域における根本思想と、とくにその精緻な最終的定式は、マルクスのものである。私が寄与したものは――たぶん若干の特殊専門分野は除いて――、マルクスもおそらく私なしに、成し遂げることができただろう。マルクスが果たしたことは、私では成し遂げることがなかったであろう。マルクスは他の者すべてより、高いところに立ち、先を見抜き、多くのことをすばやく見渡した。マルクスは天才であった。われわれ他の者はせいぜい能才であった。マルクスがいなければ、この理論は、今日ある水準とはほど遠いものであっただろう。それゆえそれが彼の名を冠しても正当なのである。

ヘーゲル哲学からの離脱は、ここでもまた、唯物論的立場へと復帰することによってなされた。すなわち、現実的世界——自然と歴史——を、あらかじめ観念論的な思い込みをもつことなしに接近するどの人間にも現れるままの形姿でとらえよう、ということであり、諸事実を幻想的連関ではなく、それ自身の固有の連関においてとらえたとき、諸事実と一致しえないいかなる観念論的な思い込みも容赦なく犠牲にしよう、ということである。これ以上のことを、唯物論は一般になにも意味しない。ただし補足すれば、この新しい方向においてはじめて、唯物論的世界観は現実的に把握され、問題となる知のすべての領域において——少なくとも大綱では——首尾一貫して貫かれることになったのである。

ヘーゲルは簡単に脇に置かれたのではない。反対に、このことは、上述したヘーゲルの革命的側面、すなわち弁証法的方法に結びついてなされた。たしかにこの方法は、ヘーゲル的形態では使いものにならなかった。ヘーゲルの場合、弁証法は概念の自己展開である。絶対概念は、永遠の昔から——どこにあるかは知れず——存在するだけでなく、現存する世界全体の本来の生ける魂でもある。それは、あらゆるこの先行段階を経て自己自身にまで展開を遂げる。『論理学』において詳細に論じられているこの先行段階は、すべて絶対概念に含まれているものである。それから、絶対概念は自己を「外化」し、自然へと転成する。ここでは絶対概念は自己自身の意識を欠き、自然必然性の扮装をこらして新しい展開を遂げ、ついには人間に至ってふたたび自己意識に達する。そしてこの自己意識が、今度は歴史において再び粗野な段階から自己を形成しはじめ、ついには、絶対概念は再び完全に、ヘーゲル哲学において自己自身に到達するのである。だから、ヘーゲルにあっては、自然および歴史において現れる弁証法的展開は、すなわち、あらゆるジグザグの運動や一時的な後退を経て貫徹される、低次から高次に向かう進歩の因果連関は、永遠の昔から、どこにあるかは知れないが、いずれにせよ思考するどの人間頭脳からも独立に進行する、概念の自己運動の、模造品なのである。問題は、このイデオロギー的転倒を除去することであった。われわれは、現実の事物を絶対概念のあれこれの段階の模写とするのをやめ、頭脳に存在する概念を、再び唯物論的に、現実の事物の模写としてとらえることにした。こうして弁証法は、外的世界および人間的思考における運動の一般的法則の科学に還元された。――この2系列の法則は、事柄の上では同一であるが、表現上では異なるものである。一方は人間の頭脳が意識をもって適用可能なものであるのに対して、他方は、自然において、そして今までのところ大部分は人間の歴史においても、無意識的な仕方で、外的必然性の形態をとって、無限に続く見かけ上の偶然事の只中を貫くものである、という相異がある。だが、概念の弁証法そのものは、現実世界の弁証法的運動の意識的な反映にすぎない。こうしてヘーゲルの弁証法は、逆立ちさせられた、というよりむしろ、逆立ちしていたものが、再び足で立つようにされたのである。こうして、この唯物論的弁証法は、ずっと以前からわれわれの最良の研究手段となり、最も鋭い武器ともなってきたのだが、注目すべきことに、われわれによって発見されただけでなく、ほかにもなお、われわれからもヘーゲルからさえも独立に、ドイツの一労働者、ヨゼフ・ディーツゲン*によって発見されたのである。

＊ ディーツゲン『人間の頭脳活動の本質――一手工労働者による』ハンブルク、マイスナー書店〔1869年刊。邦訳として、岩波文庫などがある〕。

こうしてヘーゲル哲学の革命的側面が再び取り上げられ、同時にヘーゲルにあってはこの側面の首尾一貫した展開を妨げていた観念論的な美辞麗句から解放された。世界は、完全にできあがっている諸事物の複合体としてではなく、諸過程の複合体としてとらえられなければならず、この諸過程においては、見かけ上安定的な諸事物も、人間頭脳におけるそれの思想的模写、つまり諸概念に劣らず、生成と消滅の絶えざる変化をこうむるのであり、そしてこの変化のうちで、あらゆる見かけ上の偶然事にもかかわらず、またあらゆる一時的な後退にもかかわらず、最終的には前進的な発展が貫かれるのである、という偉大な根本思想――この根本思想は、とりわけヘーゲル以来、普通の意識にもよく入り込んでいるから、このように一般的に表現するかぎりはおそらくほとんど異論は見られないであろう。しかし、それを言葉において承認することと、それを現実に、個別的に研究されるに至ったあらゆる領域で、貫くこととは、別問題である。ただし、研究にさいしてつねにこの観点から始めるならば、究極的な解決や永遠の真理を求める要請は、これを限りに止むことになる。そして、獲得されたあらゆる認識が必然的に制限性をもつこと、それらは獲得されたさいの諸事情によって制約されていることが、つねに意識されるようになるであろう。他方、まだいままでも世間で通用している古い形而上学にとって克服しがたいものとしてある諸対立に、すなわち真と偽、善と悪、同一と差異、必然と偶然、という諸対立に、もはや畏怖の念を抱くこともない。これらの対立は相対的な妥当性しかもたず、いまは真と認識されているものが、のちに顕現してくる偽の側面を隠れた形でもっていたり、反対にいまは偽と認識されるものが真の側面をもち、それゆえに以前は真とみなされる可能性があったりすること、必然と申し立てられたものがまったくの偶然事からなる複合であり、偶然とされるものが背後に必然性をひそませる形態であること、等々がわかるであろう。

ヘーゲルが「形而上学的」と名づけた旧来の研究方法および思考方法は、とりわけ事物を所与の固定的な事態として研究する方法であり、その名残りはなお強固に人々の頭にこびりついている。それには当時、大きな歴史的な正当性があった。事物の研究がまず、諸過程の研究ができるようになる以前に、なされなければならなかった。まずはある任意の事物がなんであるかを知ることが、その事物に生じる変化を知覚できるまえに必要だったのである。自然科学における状況は、このようであった。事物を完全にできあがったものと受け取る古い形而上学は、死んだ事物も生きた事物も完全にできあがったものとして研究する自然科学から成立した。だが、この研究が進捗を遂げ、自然そのものにおいてこれらの事物に生じる諸変化を体系的に研究するまでに至るという、決定的な進歩が可能になったとき、哲学的領域でも古い形而上学の最期を告げる鐘が鳴ったのである。じっさい、自然科学が前世紀〔18世紀〕の終わりまで主として収集する科学、すなわち完全にできあがった事物の科学であったとすれば、今世紀〔19世紀〕は本質的に、整理する科学、諸事象の科学、すなわちこれらの事物の起源と発展、これらの自然事象を大きな全体につなげる連関の科学となっている。植物と動物の有機組織における諸事象を研究する生理学、個々の有機組織の発展を胚から成体まで取りあつかう発生学、地表の漸次的形成を追究する地質学など、これらはいずれも今世紀の生み出した所産である。

　とりわけ自然諸過程の連関に関するわれわれの知見に長足の進歩をもたらしたのは、3つの偉大な発見である。第一は、単位としての細胞の発見である。植物も動物も全体が細胞の増殖と分化から発展するのであり、したがって、あらゆる高等の有機体の発展および成長が、唯一の一般的法則にしたがって生じるものと認識されるだけでなく、細胞の変化能力のうちに、有機体がその種を変化させ、それによって個体の発展以上の発展を成し遂げるという可能性の道筋も、示されるのである。——第二は、エネルギーの転換。それは、さしあたり無機的自然のうちに働いているいわゆる力のすべてを、つまり力学的力とそれを補完する力、いわゆるポテンシャル・エネルギー、熱、輻射《ふくしゃ》（光ないし輻射熱）、電気、磁気、化学的エネルギーを、一般的運動のさまざまに異なる現象形態として証明した。それぞれの形態は特定の比率で一方から他方に移行し、この結果、消失する一方の量と交換に他方の一定量が再現するのであり、こうして自然の運動全体は、一方の形態から他方の形態へと転換する、こうした絶え間ない過程に還元されるのである。——最後に、ダーウィンがはじめて連関において展開した次のような証明。すなわち、今日われわれを取り囲む有機的自然物の構成は、人間をもふくめて、もとは単細胞の少数の胚から始まる長期の発展過程の産物であり、この胚もまた、化学的な過程から成立した原形質あるいはタンパク質から生じきたったものだという証明である。

自然科学のこれら3つの大発見とその他の巨大な進歩のおかげで、われわれは、いまや自然の諸事象にある連関を個々の領域において立証するだけでなく、個々の諸領域相互の連関をも全体として立証し、こうして自然の連関について概括的な像をほぼ体系的な形態で、経験的自然科学そのものによって供給される諸事実を通して、叙述することができるまでになった。こうした全体像を提供するのは、以前はいわゆる自然哲学の課題であった。この課題は、未知の現実的連関を観念的、幻想的な連関によって補い、不足する諸事実を思想像によって補完し、現実的な欠落をたんなる想像力で満たすことによってしか、果たしえなかった。課題を果たすにさいして、自然哲学は幾多の天才的な思考をもち、のちの発見の予感をいくつも示したのだが、ナンセンスなこともまた少なからず露呈させた。かつてはこれ以外にありえなかったのである。今日では、自然研究の諸成果をただ弁証法的に、すなわちそれぞれの固有な連関の意味においてとらえさえすれば、現代に十分足りる「自然の体系」を生み出すことができるのであり、この連関の弁証法的性格は、形而上学的に修練を積んだ自然研究者の頭脳ですら、意に反して拒みがたいものになっている。かくて今日では、自然哲学は最終的に一掃されてしまった。それを復活させようとするいかなる試みも、余計であるばかりでなく、それ自体が退歩であろう。

　こうして、自然は一つの歴史的発展過程としても認識されるに至った。ならば、この自然について言えることは、社会の歴史についてもそのすべての部門において成り立ち、人間的な（また神的な）事物に関わるあらゆる学問の総体についても成り立つだろう。ここでも歴史、法、宗教などの哲学が果たしたのは、本質的に、出来事において証明すべき現実的連関ではなく、哲学者の頭脳でつくりだされた連関を設定し、歴史を、全体としてもそれぞれの個々の部分においても、理念の、しかも当然のことながら、つねに哲学者自身のお気に入りの理念の、漸次的実現としてとらえるところにあったのである。それによれば、歴史は無意識に、ただし、必然性をもって、あらかじめ確固として存在するある観念的目標をめざして、たとえばヘーゲルの場合には、絶対理念の実現をめざして、働いてきた。だから、この絶対理念にもとづく揺るぎない方向こそ、歴史の諸事件における内的連関をなすのであった。かくして、なお知られていない現実的連関ではなく、新しい――意識されていない、あるいは次第に意識されるに至る――神秘的な預言が設定された。したがって、ここで肝心なのは、自然の領域におけるのとまったく同様であって、こうした創作された人為的連関を、現実的連関の発見を通して除去することである。そしてこの課題は、最終的に、人間社会の歴史において支配的な法則として貫かれる一般的運動法則を発見することに行き着くのである。

ところで、社会の発展史は、1つの点で本質的に自然の発展史とは異なることがわかる。自然において存在するのは――人間から自然への反作用を度外視するかぎりは――まったく無意識の盲目的な作用因であり、これらが相互に作用を及ぼし、その相互作用のうちに一般法則が効力を貫くのである。生起する一切のものが——表面に現れる、見かけ上偶然に見える無数の出来事でも、またこれらの偶然事の内部において合法則性の実を示す最終的な成果でも——、何ひとつ意欲された意識的目的として生起することはない。これに対して社会の歴史では、行為する者はすべて、意識を備え、熟慮や情熱をもって行為し、特定の目的をめざして働く人間ばかりである。意識された意図、意欲された目標なしに何事も起こらない。しかし、この区別は、とりわけ個々の時代と事件の歴史的研究にとっては重要であろうとも、歴史の進行が内的な一般法則によって支配されているという事実をなんら変更することはできない。というのは、ここでもまた表面を見れば、すべての個人の意識的に意欲された目標にもかかわらず、全体として見かけは偶然が支配しているのだからである。意欲されたものが起こることはめったにない。たいていの場合、意欲された多くの目的がそれぞれ交錯し衝突するか、この目的そのものがもともと遂行不能であったり手段が不十分であったりする。こうして歴史的領域において、無数の個別的意志と個別的行為が衝突する結果、無意識の自然を支配するものとまったく類似した状態が生じる。諸行為の目的は、意欲されたものであるが、現実に行為から生じる結果は、意欲されたものではなかったり、たとえ意欲された目的にさしあたりは照応するように見えても、最終的には意欲された結果とまったく異なるものであったりするのである。歴史上の出来事も、こうして全体としては、同様に偶然によって支配されたものとして現れる。だが、表面上は偶然が作用しているところでも、それはつねに内部の隠れた法則によって支配される。だから問題はただ、この法則を発見することだけである。

人間〔各個人〕はそれぞれ歴史を、それがいかなるものになろうとも、各人自身の意識的に意欲された目的を追求することによって、つくる。そして、これらさまざまな方向に作用する多数の意志と外的世界に対するその多様な作用の合成こそが、まさしく歴史なのである。だからここでも問題なのは、多数の個人が何を意欲するか、である。意志は情熱や熟慮によって規定される。ところが、さらに、情熱や熟慮を直接に規定する槓杆は、きわめてさまざまな種類からなる。一部は外的な対象もあるであろうし、一部は、観念的な動機、名誉欲や「真理と法への熱意」、個人的な憎悪や、あるいはあらゆる種類の純粋に個人的な思い込みもあるだろう。しかし、一方でわれわれが見てきたのは、歴史に活動する多数の個別的意志は、たいてい意欲されたものとはまったく異なる――しばしばまさに正反対の――結果を生み出すのであり、それゆえ個別的意志の動機も同じく全体の結果にとって従属的な意義しかもたないということである。他方では、さらにこう問われてよい。これらの動機の背後にはどのような駆動力が存在するのか、いかなる歴史的原因が、行為者の頭脳の中でそうした動機にまで変形されるのか、と。

この問いを、古い唯物論は提起したためしがない。したがってまたその歴史観は、およそ歴史観があるとするかぎりは、本質的に実用主義的[2]なものでもあり、一切を行為の動機にしたがって評価し、歴史的に行為する人間を高貴な人間と下賤な人間とに分け、そうしてから通常、高貴な人間はだまされて、下賤な人間は勝利者となることを見いだす。ここから引き出されるのは、古い唯物論によれば、歴史研究ではたいしてありがたいことはでてこないという結論であるが、われわれからすれば、歴史的領域では古い唯物論はみずからに不実であるということである。なぜなら、古い唯物論は、そこに働く観念的な推進力を究極の原因とみなして、それの背後にあるもの、つまりこの推進力の推進力が何であるかを追究することはないからである。不徹底さは観念的な推進力を認めるところにあるのではない。そうではなくて、この推進力からさらにそれを動かす原因にまで遡ることがないところにある。これに反して、とりわけヘーゲルの主張するような歴史哲学は、次のことを承認する。すなわち、歴史的に行為する人間のもつ表面上の動機は、現実に働いている動機さえ、けっして歴史的出来事の最終的原因ではなく、これらの動機の背後に別の原動力があり、それが探究されるべきである、ということである。とはいえ、歴史哲学は、この力を歴史そのものにおいて探し出すのではなくて、むしろ外部から、哲学的イデオロギーにもとづいて、歴史のうちに輸入するのである。たとえばヘーゲルは古代ギリシアの歴史を、それ固有の、内的連関にもとづいて説明するのではなく、単純に、それは「美しい個体性の形態化」の創出、「芸術作品」そのものの実現にほかならない、と主張する。[3] こうしたさいには、ヘーゲルは古代ギリシア人について美しく深遠なことを多く語っているが、だからと言って、今日もはやわれわれは、たんなるきまり文句にすぎないそうした説明に納得させられることはない。

（2）「実用主義的（pragmatisch）」な歴史記述とは、歴史的出来事の諸原因をそれぞれ当事者の動機などから説明するものを言う。

（3）「美しい個体性の形態化」は、ヘーゲル『歴史哲学講義』第2部「ギリシア世界」の中心をなす第2篇そのもののタイトルであり、そして、第2篇を構成する各章のタイトルが、「主観的芸術作品」「客観的芸術作品」「政治的芸術作品」となっている。

要するに、駆動力を探究することが問題である。それは――意識的にか無意識的にか、しかも、きわめてしばしば無意識的に――歴史的に行為する人間の動機の背後に存在し、歴史の本来的な最後の推進力をなす。この場合、問題になりうるのは、個々の人間――たとえどれほど傑出した人間であろうとも――の動機ではなく、むしろ多数の人間を、諸民族全体を、また各民族ではふたたび民族の諸階級を、動かす動機である。しかもこれまた、瞬時に、つかの間パッと燃え上がりすぐさま消え失せる藁火《わらび》のごときものではなく、歴史的大変化を引き起こすような、持続する行動に行き着く動機でなければならない。この駆動原因は、これら行為する大衆と彼らの指導者たち――いわゆる偉人たち――の頭脳に、意識された動機として、明瞭にか不明瞭にか、また直接的に、あるいはイデオロギー的形態をとって、天上的な形態をさえとって、反映される。この駆動原因を探究することこそ、歴史を全体としても個別の時代と国においても支配している諸法則をつかむことのできる唯一の道である。人間を動かすものは、すべてその頭脳を通過しなければならない。だが、この頭脳の中でどのような形姿をとるかは、大いに諸事情に依存する。労働者はいま、1848年のライン河畔にはまだあったような機械の単純な打ち壊し(4)を、もはやおこなわなくなった。だからと言って、資本主義的機械経営と和解したわけではけっしてない。

(4) ラダイト運動として知られる「機械打ち壊し」は、主として1810年代のイギリスにおいて勃発した。ラダイト運動としては1810年代に潰えたが、機械打ち壊しはその後も散発的に続いた。

とはいえ、以前のすべての時代には、歴史の上記のような駆動原因に関する探究は――

諸原因とその諸結果との連関が錯綜し、覆い隠されていたために――ほとんど不可能であった。それに対して、現代はこの連関をはるかに単純化したから、謎を解くことができるようになった。大工業の進展以来、それゆえ少なくとも1815年のヨーロッパの平和以来、イギリスでは、[5] 政治闘争全体が、地主貴族(landed aristocracy)とブルジョアジー(middle class)という2つの階級の支配権要求をめぐっておこなわれていたことは、もはや万人にかくれもない事実であった。フランスでは、ブルボン朝の復古によって、同じ事実が意識されるようになった。すなわち、ティエリからギゾー、ミニュエ、ティエールに至るまでの王政復古時代の歴史叙述家は、いたるところでその事実を中世以来のフランス史を理解する鍵として語っている。そして1830年来は、この両国において、支配権を争う第三の闘争主体として、労働者階級、プロレタリアートが認められるようになった。諸関係はこのように単純化されたから、わざわざ目を閉じないかぎり、これら三大階級の闘争と各階級の利害の衝突のうちに近代史の駆動力を――すくなくとも2つの最も進歩した国においては――見ないわけにはいかなくなったのである。

(5) 原語は、Englandであり、「イングランド」とも訳しうる。1707年にはイングランドとスコットランドが合同して「グレートブリテン王国」を結成し、さらに1801年の合邦を経て、「グレートブリテンおよびアイルランド連合王国」が成立している。この意味でここではイギリスと訳すが、脈絡によっては元のイングランドを意味することもあり、区別が必要である。

では、これらの階級はいかにして成立したのか。一見したところでは、かつての封建的な大土地所有はなお起源を――少なくともさしあたりは――政治的原因に、つまり暴力的な土地取得に、帰着させることができたであろう。しかし、ブルジョアジーとプロレタリアートの場合には、それはもはや成り立たなかった。これら二大階級の起源と発展が純粋に経済的原因にもとづいていたのは明々白々だったからである。そして同様に明らかなのは、土地所有とブルジョアジーとの闘争においても、ブルジョアジーとプロレタリアートとの闘争に劣らず、経済的利害が第一に問題となっていたのであり、これを実現するにあたって政治的権力はたんなる手段とみなされていた、ということである。ブルジョアジーとプロレタリアートはいずれも、経済的諸関係の変化、もっと正確にいえば生産様式の変化によって成立したのである。(6) まず最初にツンフト的手工業からマニュファクチュアへの移行があり、続いてマニュファクチュアから蒸気と機械の操業による大工業への移行があって、それがこれら二階級を発展させた。ブルジョアジーによって動かされた新しい生産諸力――さしあたりは分業および一マニュファクチュア全体における多数の部分労働者の統合化——と、それによって発展した交換諸条件および交換諸欲求は、ある段階において、歴史的に伝承され、法律によって神聖化されている、現行の生産秩序と、すなわち封建的社会体制の基礎にあるツンフト的特権および他の無数の人身的地方的特権（これは特権をもたない諸身分にとっては同じ数だけの桎梏であった）と、両立しがたいものになった。ブルジョアジーによって擁護される生産諸力は、封建的土地所有者およびツンフトの親方に擁護される生産秩序に反逆した。結果は周知のとおり。封建的桎梏は破壊されたのである。イングランドでは漸進的に、フランスでは一気に。ドイツではなお片をつけていない。だが、マニュファクチュアが一定の発展段階において封建的生産秩序と衝突したように、いまではすでに大工業が、封建的生産秩序にとって代わったブルジョア的生産秩序と衝突するに至っている。この秩序に縛られ、資本主義的生産様式のせまい制限に縛られて、大工業は、一方では国民大衆全体のプロレタリア化をたえず増大させ、他方では購買されない生産物をますます大量に生産している。過剰生産と大衆の貧困、これらはいずれも一方が他方の原因ともなっている。これこそ、大工業が陥る馬鹿げた矛盾であり、生産諸力を生産様式の変更によって解放することを必然的に要請するものなのである。

（6）エンゲルスは、「もっと正確にいえば」とことわって生産様式（Produktionsweise）に言及している。マルクスは生産様式を、「労働過程の技術的および社会的諸条件」（『資本論』第1巻）と規定する一方、社会構造の区別原理として、次のようにとらえている。「生産の社会的形態がどうであろうと、労働者と生産手段とはいつでも生産の要因である。しかし、一方も他方も、たがいに分離された状態にあっては、ただ可能性から見て、そうであるにすぎない。およそ生産がおこなわれるためには、両方が結合されなければならない。この結合が実現される特殊な仕方は、社会構造のいろいろな経済的時代を区別する」（『資本論』第2巻）。ここに言われる、生産手段（原材料などの労働対象＋道具などの労働手段）と労働力との結合様式が、「生産様式」である。たとえば奴隷制では、生産手段も労働力（奴隷）も主人の所有物であり、主人の意志によって直接に結合される。資本主義では、生産手段は資本家に属するが、労働力は労働者の所有であり、資本家は交換をとおして労働力を買い、生産手段と結合する。かかる結合の様式である生産様式は、マルクスによれば、経済的社会構造を区別する基本原理ともなるものである。

それゆえ少なくとも近代史において証明されているのは、すべての政治的闘争は階級闘争であり、諸階級のすべての解放闘争は、必然的に政治的な形態をとる――というのはどの階級闘争も政治的闘争だからである――にもかかわらず、最終的には経済的解放を中心におこなわれている、ということである。ここでは少なくとも、国家、政治的体制は従属的なものであり、市民社会[7]という経済的諸関連の領域こそ決定的な要素なのである。ヘーゲルも信奉する旧来の見方によれば、国家にこそ規定的な要素があり、市民社会は国家によって規定されている要素である。見かけもそれに相応している。個別の個人にあっては、その行為の駆動力がすべてその頭脳を通過し、意志における動機に転化されなければ、各人は行為をするまでに至らない。同じように市民社会のすべての欲求も——どの階級がいま支配しているにせよ——国家意志を通過しなければ、法律という形態をもってすべての人に効力を発揮させることができない。これは、事柄の形式的側面であって、自明なことである。問題はただ、この形式的にすぎない意志が——個別の個人の意志であれ国家の意志であれ——、いかなる内容をもつのか、この内容はどこからくるのか、なぜほかならぬこの内容が意欲されて他のものが意欲されないのか、である。このことを問うときわかるのは、近代史においては国家意志が全体として、市民社会における諸欲求の変動によって、いずれの階級が優位を占めるかの状況によって、究極においては生産諸力と交換諸関係の発展によって、規定される、ということである。

(7) ここで言われる「市民社会(die bürgerliche Gesellschaft)」は、物質的生活の生産と再生産の領域のことであり、マルクス『経済学批判』序言に言う、人間〔各個人〕の「物質的な生活諸関係の総体」に等しい。ただし、マルクスやエンゲルスに限っても、市民社会概念は、経済的社会構造としての市民社会、ブルジョア社会としての市民社会、歴史の土台としての市民社会、など、一義的ではない。さらに伝統的には、市民社会は「政治社会」として理解されてきたのであり、今日、この概念規定に関してさまざまな論議があるが、ここでは立ち入らない。

だが、巨大な生産手段と交通手段をもっている現代においてさえも、国家は自立した発展をする自立的領域ではなく、その存立もその発展も究極的には社会の経済的生活諸条件から説明されうるとしたなら、このことは、以前の古いすべての時代にはるかによく当てはまるにちがいない。なぜなら、この時代には、人間の物質的生活の生産がまだ現代ほどに豊かな補助手段をもって営まれることはなく、それゆえこの生産の必要が、人間に対してさらに大きな支配力を行使していたにちがいないからである。今日、大工業と鉄道の時代にも、国家は全体として、生産を支配する諸階級の経済的欲求を、総括的な形態において反映するものにすぎない。そうであるならば、今日と比べて、人間の各世代が全生涯のはるかに大きな部分を物質的欲求の充足に振り向けなければならなかった時代に、したがって物質的欲求にはるかに依存していた時代に、国家はなおいっそうそれを反映したものでなければならなかった。古い諸時代の歴史研究が、上記の側面に真剣に立ち入るならば、このことは申しぶんなく確証されるだろう。だが言うまでもなく、ここでは扱うことができない。

国家と国法が経済的諸関係によって規定されるのであれば、私法もまた同様に規定されるのは自明のことである。私法とは、なんといっても本質的に、各個人間の、一定の与えられた事情の下において正常とされる、現存の経済的諸関連を裁可するものにすぎないからである。しかし、この裁可がなされる形式は、きわめてさまざまでありうる。イングランドで国民的発展の全体に合わせてなされたように、古い封建的権利の諸形式を大部分保持し、それらに市民的内容を与えたり、それどころか封建的名称にじかに市民的意味を付与したりする場合もある。しかしまた、西ヨーロッパの大陸でおこなわれたように、商品生産社会の最初の世界法であるローマ法を、この上なく精密に仕上げたうえで、単純商品所有者の本質的な法的関連のすべて（買い手と売り手、債権者と債務者、契約、債務関係など）の根底に置くこともできる。さらに、なおまだ小市民的かつ半封建的な性格をもっている社会の役に立てるために、単純に裁判上の慣行によってこの社会の水準にまで引き下げることもできる（普通法）[8]し、あるいは、道徳をこととする自称啓蒙主義者の法律家に助力を得て、ローマ法をこの社会の水準にふさわしい、格別な法典に仕上げることもできる――これは、かかる事情の下では法律的にも劣悪であろう（プロイセン国法典）[9]。他方また、ブルジョア大革命のあとでは、まさにこのローマ法を基礎に、フランス民法典[10]のようなブルジョア社会の古典的法典を仕上げることもできる。だから、市民的な法規定はおよそ社会の経済的生活諸条件を法的形態において表現するものだとしても、このことは、それぞれ事情に応じて、良くも悪くも生じうるのである。

(8) 普通法は、ドイツにおいて、ローマ法と中世の教会法とが結合して成立したとされるもの。いわゆる慣習法とは相対的に区別される。

(9) プロイセン国法典は、啓蒙専制君主とされるプロイセン国王フリードリヒ2世がスヴァレツなどの啓蒙主義的官吏らに命じて編纂し、1794年に公布した法典。絶対主義の立場から身分的特権を認めるものであり、市民的権利の承認には限界があった。

(10) フランス民法典は、ナポレオンによって制定され、1804年に公布された民法典。法の前での平等、所有権の絶対、契約の自由などの近代市民社会の原則にもとづく。

国家そのものにおいて、人間に対する最初のイデオロギー的威力が現れる。社会は、内外の攻撃に対抗して共同の利害を守るために一つの機関をつくりだす。この機関こそ、国家権力なのである。この機関は、成立するや社会に対して自立化するのであって、しかもある特定の階級の機関となり、この階級の支配権をじかに行使するようになればなるほど、ますます自立化する。支配階級に対する被抑圧階級の闘争は、必然的に政治的になり、さしあたりはこの支配階級の政治的支配に対抗する闘争となる。この政治的闘争と経済的下部構造の連関に関する意識は、ますますぼやけたものになり、まったく消失してしまうこともある。当事者にとって完全にそうなることはないとしても、歴史家の場合にはほとんどいつも起こることである。ローマ共和制内部の諸闘争に関する古い資料のうち、最終的に問われる事柄について、つまり土地所有について、明晰判明に語るのは、ただアピアヌス[11]だけである。

(11) アピアヌスは、2世紀頃のローマの歴史家。著書『ローマ史』がある。

国家は、いったん社会に対して自立した威力となるや、ただちに進んだイデオロギーをつくりだす。すなわち、〔イデオロギーをつくりだす〕職業的な政治家や、国法の理論家および私法の法律家の場合には、いよいよもって経済的事実との連関は失われるのである。個々のどの事件でも、経済的事実は、法律の形式で裁可がなされるように、法律的動機という形式をとらなければならず、そしてそのさいにはまた、自明のことながら、すでに施行されている法体系の全体が顧慮されるべきことになるから、それゆえに、いまや法律的形式が一切であり、経済的内容は無であるとされる。国法および私法は、それぞれ自立した領域として、つまり、それぞれが独立した歴史的発展をもち、すべての内的矛盾を首尾一貫して除去することによってそれ自身の領域で体系的な叙述が可能であり、またそれが必要とされる領域として、取り扱われるのである。

さらに高次の、すなわち物質的経済的基礎からさらにずっと遠ざかったイデオロギーは、哲学や宗教という形態をとる。ここでは観念とその物質的存在諸条件との連関はますます錯綜し、ますます多くの中間項によってぼやかされる。だが連関は存在する。15世紀中葉以後のルネサンス時代全体は、諸都市の本質的な産物であり、したがって市民階級の産物であった。それ以後の新しく覚醒した哲学も同様であり、その内容は、本質的に、小市民階級および中産市民階級が大ブルジョアジーに発展を遂げるのに照応する思想の哲学的表現にすぎない。このことは、多くが経済学者でもあり哲学者でもあった前世紀〔18世紀〕のイギリス人およびフランス人の場合にはっきりと現れており、ヘーゲル学派の場合はすでに上に示したとおりである。

ところで、残りわずかながら簡略に宗教に立ち入っておこう。なぜなら、宗教は物質的生活から最も遠くにあり、最も異質なものに見えるだろうからである。宗教は、原初期の非常に古い時代に、人間たちが自己自身と周囲の外的自然について抱いた、誤った原初的観念から成立した。しかし、いかなるイデオロギーも、いったん存在するようになるや、与えられた観念材料と結びついて発展を遂げ、さらに観念材料を完成させていくものである。さもなければそれはイデオロギーではない。すなわちイデオロギーとは、思考を、独立に発展し、ただみずからの固有の法則にしか服することのない、自立的実体のあるものととらえ、それに関わる営みだからである。人間の物質的生活諸条件は、その人間の頭脳でこうした思考過程が生じる場合に、この過程の成り行きを最終的に規定する。だが、このことはこの人間に当然どこまでも意識されることはない。というのは、意識されることになれば、イデオロギー全体は終わりだからである。こういうわけで、以上の本源的な宗教的観念は、たいてい同系のどの民族諸集団にも共通であるが、諸集団が分岐したのちには発展を遂げ、各々に指定される生活諸条件にしたがって、各民族独自なものに形成される。この過程は一連の民族諸集団、とりわけアーリア民族（いわゆるインド・ヨーロッパ民族）に関して、比較神話学によって詳細に立証されている。こうしてどの民族の場合にも、作られた神とは民族の神々であり、この神の国は、神によって守護されるべき民族の領土を越え出ることはなく、それの境界を越えれば他の神々が誰憚《はばか》ることなく幅をきかせていたのである。神々は、民族が存続するかぎりにおいてのみ観念のなかで存《なが》えたのであり、民族が没落すれば、亡くなった。古代の少数諸民族のこのような没落をもたらしたのは、ローマの世界帝国である。この帝国の経済的成立諸条件をここで研究するには及ばない。古代の民族神は亡び、ローマの神々さえも、まさにわずかローマ市という狭い範囲に合わせてつくられたものだったがために、亡びた。世界帝国を世界宗教によって補完しようという欲求は、ローマの土着の神々と並んで然るべき神ならば異民族の神々でもすべて承認し、祭壇を設けようと試みたことに、歴然と現れている。だが、新しい世界宗教は、このようにして皇帝の勅令でつくられるものではない。新しい世界宗教たるキリスト教は、ひそかにすでに成立していた、つまり、オリエント神学とりわけユダヤの神学の普遍化と、ギリシア哲学とりわけストア哲学の通俗化との、ある種の混交から成立していたのである。キリスト教がもともとはどのようであったかは、あらためて苦労を重ね探究しなければならない。というのは、われわれに伝えられている公式の形姿は、国家公認宗教となり、ニカイア公会議によってこの目的に適合させられたキリスト教にすぎないからである。キリスト教が〔成立の〕250年後にはすでに国家公認宗教になった[12]という事実は、十分に、それが時代の諸事情に照応した宗教であったことを証明するものである。中世においては、キリスト教は、封建制度が発展を遂げていく程度にちょうど合わせて、封建制に照応する宗教として形成され、それに照応する封建的教階制度を備えた。そして市民階級が台頭してきたとき、封建的カトリックと対立しつつ、プロテスタント的異端が、まず南フランスのアルビ派[13]のもとで、そこの諸都市が最盛を誇った時代に発展を遂げた。中世はイデオロギーの他のすべての形態、すなわち哲学、政治学、法学を、神学へと併せ、神学の下位部門としていた。したがって、社会的政治的運動はいずれも神学的形態をとることを余儀なくされた。もっぱら宗教ばかりをあてがわれていた大衆は、大きな騒乱を起こすためには、宗教的扮装を凝らして彼ら自身の利害を持ち出さなければならなかった。そして、市民階級がはじめから、公認された身分には属さない無産の都市平民、日雇い労働者、あらゆる種類の使用人など、のちのプロレタリアートに先駆する者たちの支持を生み出していたように、プロテスタント的異端もまた、早くから、市民的な穏健派と、この市民的異端派からも毛嫌いされた平民的な革命派とに分かれていた。

(12) キリスト教がローマ帝国の国教となったのは、380年のテオドシウス帝の勅令による。しかし、ここでエンゲルスが「キリスト教が国家公認宗教となった」というのは、313年のミラノ勅令によって公認されたことを指す。というのは、キリスト教の成立をエンゲルスは、およそイエスの死後30年以上が経った紀元60年代と推定していたと思われるからである。これについては、エンゲルスの論文「黙示録」(1883年)を参照のこと。

（13）アルビ派とは、カトリック聖職者の堕落に対する批判から、都市の商業者や手工業者を基盤として北イタリアや南フランスに生まれた宗派のこと。カタリ派とも言われる。12世紀には異端とされ、さらに13世紀前半にはアルビジョア十字軍がおこなわれて弾圧された。エンゲルスが、アルビ派をプロテスタント的異端とするのは、のちの宗教改革の先駆となる都市的異端の要素を見るからであろう。エンゲルス『ドイツ農民戦争』（１８５０年）を参照。

プロテスタント的異端が抹殺されえなかった事情は、台頭しつつある市民階級が打ち負かされえないことに照応していた。この市民階級が十分に強大になったとき、それまでは主として地方的なものであった封建貴族との闘争は、全国的規模の次元をとりはじめた。最初の大きな行動はドイツで起こった――いわゆる宗教改革である。市民階級は、他の反逆身分――都市の平民、下級貴族と農村の農民――をその旗の下に統合できるほどには強大でなく、発展を遂げてもいなかった。下級貴族がまず打ち倒された。農民は蜂起を起こし、これが革命運動全体の頂点をなした。だが諸都市は農民を見殺しにしたから、こうして革命は領主の軍勢に敗れ、獲物は領主がことごとく横取りした。それ以来３００年、ドイツは自立的に歴史に関与する一連の国々のなかから姿を消したのである。だが、ドイツ人ルターと並んでは、すでにフランス人カルヴァンが現れていた。カルヴァンは、まことにフランス人的な鋭敏さをもって宗教改革の市民的性格を前面に押し出し、教会を共和制化し、民主化した。ドイツにおいてルター派の改革が泥沼化し、ドイツを没落させたとすれば、カルヴァン派の改革は、ジュネーヴ、オランダ、スコットランドの共和制主義者たちの旗印となり、オランダをスペインから、またドイツ帝国から解放し、イングランドで起こった市民革命の第2幕〔いわゆる名誉革命〕におけるイデオロギー的衣装を提供した。ここではカルヴァン主義は、当時の市民階級の利害を表す、まことの宗教的な扮装として現れたのであり、したがってまた革命が1689年に貴族の一部と市民層との妥協によって成し遂げられたときに、完全な承認は得られなかった。イングランド国教会が再建されたが、(14) それは、国王が教皇を兼ねるカトリックという、以前の形姿ではなく、著しくカルヴァン主義化されたものであった。古い国教会は愉快なカトリックの安息日を祝い、カルヴァン主義の退屈な安息日に抗っていたが、新しい市民化した国教会は、これを受け入れ、今日なおイギリスを飾り立てている。

(14) 王政復古（1660年）後、イングランド国王チャールズ2世とジェームズ2世は、カトリック寛容政策をとったため、議会と対立し、これが元になって、「名誉革命」が起こった。「名誉革命」は、国教会を回復する一方、「寛容令」によってプロテスタント的非国教徒の存在を認めるようになった。

フランスでは、少数派のカルヴァン主義者が、1685年に弾圧を受け、カトリックに改宗させられるか、国外に追放された。[15] だが、それが何の役に立ったか。すでに当時でも自由思想家ピエール・ベイル[16]が活躍していたのであり、1694年にはヴォルテールが誕生している。ルイ14世の強権的措置は、フランス市民階級の負担を軽減しただけであり、すなわち、市民階級は革命を、発達したブルジョアジーにのみ適合する非宗教的な、もっぱら政治的な形態をとっておこなうことができたのである。〔じっさいフランス革命において〕国民議会の席を占めたのは、プロテスタントではなくて、自由思想家たちであった。これによってキリスト教は最後の段階に入った。キリスト教は、以後、なんらかの進歩的階級がその抵抗運動をおこなうさいにまとうイデオロギー的扮装として役立つことはできなくなった。それは、ますます支配階級の専有物となったのであり、そして支配階級は、下層階級を拘束するためのたんなる統治手段として、それを用いるのである。以後、このさいにいろいろな階級が、それ自身にふさわしい宗教を利用した。たとえば、地主階級のユンカーはカトリックのイエズス会派あるいはプロテスタントの正統派を、自由主義派またはラディカル派のブルジョアは理性宗教[17]を、という具合に。ただし、この場合、主人たちがそれぞれの宗教そのものを信仰しているのか否かは、なんら関わりのないことである。

(15) ルイ14世は1685年に、ナントの勅令（1598年）を廃止し、カルヴァン派（ユグノー）を迫害した。

(16) この時期のピエール・ベイルには、『彗星雑考』（1682年）、『〈強いて入らしめよ〉というイエス・キリストの言葉に関する哲学的注解』（1686－87年）、『歴史批評辞典』（1696年）などの著作がある。

(17) 理性宗教は、理性を基本として、奇跡や恩寵を認めない道徳的な宗教、理神論などの自然的宗教として理解される。カントは『単なる理性の限界内の宗教』（1793年）において、道徳的に要請した宗教を論じている。

要するにわかるのは、いったん形成された場合、宗教はつねに伝来の材料を含む、ということである。なにしろ、あらゆるイデオロギー的領域で、伝統こそ大きな保守的威力をなすからである。だが、こうした材料がこうむる変更は、階級諸関係から、それゆえ人間の経済的諸関係から生じるのであり、これこそが、材料の変更を引き起こすのである。ここでは以上で十分である。

本節でなしえたのは、マルクスの歴史観の一般的輪郭を描くこと、せいぜいなお若干の例証を与えること、だけである。その証明は、歴史そのものに即して示されるべきであろうが、それでもあえて他の諸著作(18)においてすでに十分に提供されている、と言って構わないであろう。この見方は、歴史の領域において哲学を終わらせる。これは、弁証法的な自然観があらゆる自然哲学を不必要にも不可能にもした事情と同じである。もはや、いかなる領域でも、頭脳の中で諸連関を案出することは問題にならない。問題は、それを事実のうちに発見することである。自然と歴史から追放された哲学にそれでも存続するのは、なお残るとするかぎりは、純粋思考の領域、すなわち思考過程そのものの法則に関する学説、論理学と弁証法だけであろう。

(18) マルクスのフランス三部作といわれる『フランスにおける階級闘争』（1850年）『ルイ・ボナパルトのブリュメール一八日』（1852年）『フランスにおける内乱』（1871年）や、『資本論』（第1巻、1867年）などを指すと思われる。

1848年革命とともに、「教養ある」ドイツは、理論に絶縁状を送り、実践の地盤に移った。手労働にもとづく小経営とマニュファクチュアは、現実の大工業によって置き換えられた。ドイツはふたたび世界市場に現れることになった。新しい小ドイツ帝国は、少なくとも、小国の分立、封建制の残滓、官僚制的経営という、上記の発展を妨げていた最も甚だしい弊害を取り除いた。しかし、シュペクラツィオーン〔思弁／投機〕が哲学者の書斎から抜け出て、株式取引所に殿堂を築いたのに符合するように、教養あるドイツは、かの偉大な理論的感覚を喪失した。これこそ、政治的には最低の屈辱にあった時代にもドイツの誉れであったものであり、達成された成果が実践的に活用できるかどうか、反警察的であるかどうかに関わりなく、純粋に科学的な研究に向かう感覚であったのだ。なるほど、ドイツ公認の自然科学は、とりわけ個別研究の領域では、時代の水準に立っている。しかし、すでにアメリカの雑誌『サイエンス』が正当にも指摘するように、個別諸事実のあいだの大きな連関をとらえる領域における決定的な進歩、すなわちこれらの事実を法則までに一般化する進歩は、以前はドイツでなされたのに対して、今日ではははるかに多くイギリスで成し遂げられているのである。哲学を含む歴史諸科学の領域では、古典哲学とともに、かつてあった妥協なき理論的精神は、ますますもって消失してしまった。それに代わって現れたのは、無思想の折衷主義であり、栄達と収入を求め、ついには卑俗きわまる立身出世主義にまでなり果てる小心翼々とした斟酌である。こうした科学の公認の擁護者こそ、ブルジョアジーと現存する国家との隠れもないイデオローグに――しかも、両者が労働者階級と公然たる対立関係に立っているこの時代に——なり果てているのである。

(19)　1870年に成立したドイツ帝国を指す。当時、ドイツには、ネイションとしてのドイツ統一を果たすうえで2つの方針が存在した。オーストリアのドイツ人居住地域をも包括した全ドイツ国家を建設しようという大ドイツ主義と、オーストリアを排してプロイセン主導の下にネイション形成をはかる小ドイツ主義である。じっさいに成立したドイツ帝国は、オーストリアを入れない小ドイツ主義の国家であった。

ドイツの理論的感覚は、ただ労働者階級においてのみ、損なわれることなく存続している。この階級にあってはそれを根絶させることはできない。ここでは、栄達と利殖、お上の寛大なる保護への斟酌は生じない。反対に、科学は、妥協がなく、囚われがなくなるにつれて、ますます労働者の利害と運動に合致するようになったのである。新しい方向は、社会の歴史全体を理解するための鍵を労働の発展史のうちに認識したのであり、最初からとりわけ労働者階級に依拠していた。それは、労働者階級には積極的に受け入れられたが、公認の科学に対しては、このことを要求も期待もしなかった。ドイツ労働運動は、ドイツ古典哲学の継承者である。

マルクス・フォー・ビギナー⑤

マルクス＝エンゲルス　フォイエルバッハ論

2010年4月20日第1刷発行

定価はカバーに表示してあります

翻訳　渡邉憲正

解説　山科三郎・渡邉憲正

発行者　中川　進

発行所　株式会社 大月書店

〒113-0033　東京都文京区本郷2-11-9

電話（代表）03-3813-4651・FAX 03-3813-4656・振替 00130-7-16387
ホームページ http://www.otsukishoten.co.jp/

印刷　三晃印刷

製本　中永製本

ISBN 978-4-272-00535-2　C0330